KB135179

사주명리 속 심리학

사주명리 속 심리학

심리학자가 알려 주는 명리학과 심리학 사용 설명서

김정윤 지음

命性
in
psychology
命理

목차

PART 2　음양오행(陰陽五行) : 기질과 성격

PART 3 한난조습(寒暖燥濕): 불안한 심리

PART 4 격국(格局): 적성과 진로

PART 5　　궁합(宮合) : 인간관계

사주를 믿으시나요?

　사람들은 모두 삶의 여정에 있어 크고 작은 다양한 문제들을 겪으며 살아갑니다. 하지만 도대체 왜 나에게 이런 일들이 일어나는지 모르겠고, 나에게만 유독 견디기 힘든 일들이 벌어지는 것 같기도 합니다. 이럴 때 우리는 한 번쯤 재미 삼아 또는 혹시나 해결할 수 있는 방법이 있지 않을까 하는 마음에 사주, 타로, 신점 등을 이용합니다. 역술가나 점술가의 말을 다 믿지는 않아도 운이 나빠서 일이 잘 안 풀리는 것인지, 그렇다면 어떻게 운세를 바꿔 원하는 것들을 이룰 수 있는지 궁금하고 작은 위로라도 얻고 싶은 마음 때문일 것입니다. 그중에서도 사주는 오랜 시간 동안 데이터를 축적한 통계를 바탕으로 하고 있다는 인식이 많아져 '미신은 아닐 거야'라는 생각으로 찾게 되는 상담 중 하나입니다.

　사주명리학은 하늘과 땅의 자연 현상을 인간의 삶에 접목시켜 발전해 온 실용 학문입니다. 인간도 자연의 일부이기 때문에 정해져 있는 자연의 규칙을 따르도록 설계되어 있습니다. 따라서 운명론이 사주명리의 전제이기 때문에 사주명리를 통해 운세의 흐름을 알아보는 것은 타당합니다. 다만 점술의 운세와는 다르기 때문에 예측을 논하자면 반은 맞고 반은 틀립니다. 운명적으로 주어진 계절의 작용은 맞겠지만,

그 계절을 살아가는 주체에 따라 삶의 형태는 매우 달라질 수 있기 때문입니다. 흉한 운에서 어려움을 발판 삼아 훌륭하게 성공해 내는 사람들이 있는 반면, 좌절과 실패 경험에 묻혀 다음에 오는 길한 운을 제대로 사용하지 못하는 사람들도 있습니다. 명리가 안내해 주는 계절을 훌륭하게 살아낼지는 결국 자신에게 달려 있지만 명리는 이 어려움을 어떻게 대처하고 무엇을 바꿔 나가야 할지에 대해서는 알려 주지 않습니다. 혹자는 부적을 쓰거나 굿을 하거나 개운술을 통해 나아질 거라 믿기도 하겠지만, 우리네 인생이 그런 방편만으로 호락호락해질까요? 나의 일상에서 작은 마음 하나, 사소한 행동 하나가 모이고 모여야 변화를 만들 수 있습니다. 서양의 심리학은 마음을 자세하게 들여다보고 어떤 노력을 시도해 볼 수 있는지 우리에게 많은 방법들을 제시해 줍니다. 따라서 사주명리학과 서양의 심리학을 통합적으로 적용하면 개인의 다양한 문제에 있어 명리적 원인과 심리학적 요인들의 복합적인 작용이 있음을 알 수 있고, 더불어 문제 상황에서도 마음을 튼튼하게 하며 대처할 수 있는 방법을 찾아볼 수 있습니다. 이에 본 고에서는 사주명리학의 기본적인 이론을 소개하며 해당 사례를 통해 명리학적 시각으로만 삶을 이해하는 역술가와 심리학적 원인으로만 문제 해결을 하고자 하는 심리상담사와는 조금은 다르게, 이 둘을 통합한 관점으로 문제 상황을 이해하고 있습니다. 사주명리학에 대한 이해가 전혀 없는 독자들이라도 명리에서 알 수 있는 선천적인 특징들을 쉽게 찾아보고 이해할 수 있도록 구성하였고, 사례를 통해 심리적 요인에 대해 설명하며, 행동적 실천을 위한 방안들을 실었습니다. 사주가 어려워 쉽게 이해되지 않더라도 심리적 요인과 실천 방안에 대한 설명은 내 삶 속 어디에서도 마주할 수 있는 문제일 것입니다. 사주명리에 이해가 있는 독자들이라면 명리가 보여 주는 불안정한 요소들이 어떻게 심리적인 문제점들과 연관될 수 있는지 본 고를 통해 물음표를 던져볼 수 있을 것입니다. 더불어 다양한 상담 현장에서 내담자들의 치유를 위해 애쓰고 있는 분들에게 사주명리학이 설명해 주는 정보들이 기존의 여러 심리검사 도구들과 함께 사용될 때 어떤 유용성이 있을지 단서들을 보여 줄 수 있는 책이기를 희망합니다.

독자들이 실제적으로 활용할 수 있는 것에 초점을 맞추었기에 최근 연구되고 있는 국내 논문과 도서를 중심으로 엮었습니다. 사주명리에서 복합적으로 해석하여야 하는 부분들이 많지만 독자들의 이해를 중심으로 서술하다 보니 큰 범주 안에서 설명된 내용들도 다소 있으며, 좀 더 구체적으로 설명을 덧붙이지 못한 부분이 아쉬움으로 남습니다. 특히 사주명리학의 여러 관점들 중에서 심리적 문제로 일어날 수 있는 정신병리적 부분은 아직 구체적으로 연구되고 있지 않습니다. 동양 사상의 문화에서 정신병리는 신체적 특징과 행동 양상으로 단순하게 언급되는 정도이며, 명리학이 형성되고 성행하던 시대적 배경을 고려하여 본다면 무속신앙과의 관련성이 더 크게 작용했을 것입니다. 예를 들어 조현병과 같이 망상, 환청 등을 동반하는 병리적 증세는 신병으로 치부되었을 가능성이 높고, 우울증과 장애를 동반하는 각종 증후군들은 억압에 따르는 신체적 질병으로 발현되었을 가능성이 높습니다. 사주명리학의 고찰에 있어 명리가 주는 정보만으로 현대적 환경에서 발생할 수 있는 문제들을 전부 예측하려 한다면 관점의 끼워 맞추기에 그칠 수 있습니다. 본 고에서는 사주명리에서 주는 정보를 토대로 심리적 문제의 요인과 발생 가능성에 대해 개인적 경험을 바탕으로 제안하고 있습니다. 사주명리학을 기반으로 상담의 현장에 있으신 분들에게 작은 물음표를 던진 것과 같습니다. 내담자들에게 명리에서 제안하는 계절의 안내뿐 아니라 그 환경을 극복해 나갈 수 있는 마음까지 고려되었으면 좋겠습니다.

살아가다 보면 누구든 삶의 무게가 버겁고, 목표하던 일에 좌절하고, 나를 몰라주는 타인과 세상이 원망스러운 시기를 만나게 됩니다. 본 고를 통해 어제보단 조금 색다른 '오늘'을 가꾸어 볼 수 있는 용기가 주어지길 희망해 봅니다. 사주명리로 내 인생의 흐름을 이해하고 수용할 수 있기를, 지금 나의 심리적 성장에 대해 관찰하고 돌보아 줄 수 있기를 희망합니다. 나만 힘든 것은 아니구나, 이렇게 생각해 볼 수도 있겠구나, 이런 방법은 한번 해 볼까… 오늘은 누구나 처음이기에, 그저 조금씩 매일 어제보다 새롭게 살아가는 것 아닐까요. 작은 마음의 변화가 내일 만나는 '오늘'을 반갑게 맞아 줄 것입니다.

PART 1

사주명리
四柱命理

내 사주 알아보기

사주명리란?

●

사주(四柱)는 네 개의 기둥이라는 뜻으로 한 개인이 태어난 생년월일시를 네 개의 기둥으로 나타낸 것을 말한다. 출생 연도의 기둥을 년주라 하고, 생월을 월주, 생일을 일주, 생시를 시주라 한다. 각 기둥마다 두 글자가 있으므로 사주는 모두 여덟 글자, 즉 팔자(八字)로 이루어지게 된다. 네 개의 기둥에 여덟 글자로 이루어져서 '사주팔자'라고 하지만 '사주'와 '팔자'는 결국 같은 의미이기 때문에 일반적으로 '사주'라고 지칭한다. 명리(命理)는 '목숨 명(命)', '다스릴 리(理)'로 사전적 의미는 '하늘에서 주어진 명과 자연의 법칙'이다. 다시 말해 한 개인이 살아가는 인생의 과정과 자연의 관계에 대한 이치다.

> 태극이 나뉘어 천지가 되고, 한 기운이 나뉘어 음양이 되고, 오행이 유출되어 만물을 생화하니 사람이 명을 부여받는데 빈부귀천이 이에서 비롯되고, 길흉화복을 정한다.
>
> 삼명통회(三命通會)

명리학의 고전인 『삼명통회』의 「명통부」에서는 위와 같이 사람은 만물을 생하는 음양오행의 기운을 받아 태어나고, 그에 따라 길흉화복과 부귀빈천이 정해진다고 기술하고 있다.[1] 따라서 '사주명리'란 한 개인이 태어난 연월일시를 나타낸 사주를 기준으로 음양오행이 운동하는 원리를 명(命)에 적용하여, 하늘이 내린 부귀빈천과 길흉화복을 추론하고 해석하기 위해 만들어진 것이다.

---

1. 이성엽. 2013.《四柱命理의 宮位論에 관한 研究》. 경기대학교 문화예술대학원 석사학위논문. p19.

명리학의 역사

●

 명리학의 기원은 청대(淸代)의 문헌인 『자평팔자사언집액』의 내용을 바탕으로 지금으로부터 약 2,300여 년 전인 춘추전국시대 주나라의 낙녹자와 귀곡자인 것으로 전해진다. 이렇게 오랜 역사를 가진 명리학은 시대에 따라 변화, 발전해 왔는데 10세기 중반 서자평의 '자평명리'를 기점으로 고법사주와 신법사주로 나누어 본다. 고법사주는 년주를 중심으로 사주를 추론하는 방식이었고, 신법사주는 일간을 중심으로 음양오행의 생극제화와 격국용신을 통해서 추론했다. 이런 변화의 핵심은 명(命)의 길흉화복의 기준이 바뀌었음을 의미한다. 시대적으로 고대 사회에서는 자신이 태어난 가문과 조상, 부모에 따라 신분이 결정되었기 때문에 이를 매우 중요한 요소로 보았고 사주해석의 기준점이 되었다. 그래서 '가문, 조상'과 같이 나의 근본을 나타내는 년주의 글자를 위주로 부귀빈천과 길흉화복을 추론하는 것이 예측의 정확도가 높았다. 하지만 점점 개인의 역량이 중요해지는 시대로 접어들었고, 명리학에도 시대적 변화에 따른 해석법이 요구되었다. 이에 서자평[2]은 일간을 중심으로 팔자의 관계들을 구성하였고, 일간의 사회적 특성이 가장 잘 나타나는 월지를 기준으로 격국과 용신을 사주 해석의 기본으로 삼았

---

2. 중국 오대(五代)~송(宋) 시대의 인물로 명리학(命理學)을 체계화하여 발전시켰다.

다. 이는 사주명리의 부귀빈천과 길흉화복을 해석하는 기준이 태어날 당시의 조건에서 한 개인의 역량으로 바뀐 것을 뜻하며, 사주 해석에 있어 매우 중요한 변화다. 이후로 신법사주의 체계에 여러 후대 명리학 자들이 자신들의 새로운 이론과 체계를 첨삭하며 전해졌고, 현재 우리가 활용하고 있는 사주명리의 기틀이 되었다.[3]

명리학이 우리나라에 유입된 시기는 13세기 말 이후 14세기 초에 원나라를 통해서 본격적으로 유입된 것으로 보고 있다. 시기적으로 우리나라는 고려 말기에서 조선으로 가는 새로운 시대의 교체기에 있었다. 당시 관료와 지식인들은 적극적으로 신법사주를 받아들이고 활용하였으며, 이후 명리학은 조선이 건국하면서 관학(官學)으로 정착하였다. 조선시대에 사주명리는 '명과학'으로 명칭되었고, 관상감에 속했다. 명과학, 천문학, 지리학 등을 '삼학'이라 부르기도 하였다.[4] 관상감에서 운영하던 이 세 가지 학문을 통틀어서 '음양학'이라고 하였고, 태종 때에는 '음양풍수학'이라고 칭하기도 하였다. 그러다 세종 때부터 지리 분야를 풍수학, 천문 관련된 분야는 천문학이라 칭하였다. 세조 때부터는 음양학은 명과학으로, 풍수학은 지리학으로 개칭되었다.[5] 관리는 중인계급으로 일정한 시험을 치러 임용되었다.

이렇게 관직에도 있던 명리학은 근현대사를 거치며 일제강점기의 문화적 탄압과 역사의 왜곡으로 무속신앙, 점술과 결부되어 음지의 학

---

3. 김만태. 2010.〈조선 전기 이전 四柱命理의 유입 과정에 대한 고찰〉.《한국문화》. 52. p168.

4. 박용남. 2016.〈한국명리학의 발전과정에 관한 연구〉. 국제뇌교육종합대학원대학교 박사학위 논문. p19.

5. 손구하. 2020.〈조선시대 명과학(命課學)과 단건업(段建業)의 맹파명리(盲波命理)에 관한 연구〉. 東方文化大學院大學校 박사학위논문. p15.

문으로 자리 잡기 시작하였다. 서양 문물이 본격적으로 유입되면서 기독교 사상은 빠르게 전파되었고 명리학은 더욱더 미신으로 치부되어 점술과 같은 영역으로 남겨졌다. 2000년대 초반까지는 대학에 개설된 학과도 미비하여 제도권 안에서 전문적으로 배울 수 있는 방법도 미흡하였고 명리학에 대한 학술적인 연구 또한 거의 전무하였다. 2006년도부터 명리학 관련 학술논문이 등재(후보)되기 시작하였고, 2011년부터 증가하기 시작하여 현재까지 활발하게 연구되고 있어 명리학의 학술적 체계가 정립되어 가는 과정에 있다.[6]

---

6. 김만태. 2022.〈명리학의 학문적 정체성 확립에 관한 연구〉.《지식융합연구》. 55. p81.

이해를 도와줄 기본 용어

•

명리학은 한자어로 된 개념을 포함한 고유명사가 많아 처음 사주명리를 접하는 이들에게 어려운 학문으로 인식되어 난해한 것이 사실이다. 명리학에서 쓰이는 간단한 용어에 대해 숙지한다면 이해에 도움이 될 것이다.

1. 만세력

사주팔자는 생년월일시를 해당하는 60갑자라는 부호로 바꾸어 나타낸다. 요즘엔 만세력을 따로 찾아보지 않아도 만세력 어플을 이용해 간단하게 사주팔자를 확인할 수 있다. 일반적으로 많이 사용하는 어플엔 원광만세력, 하늘도마뱀, 천을귀인 등이 있다. 본 고에서는 '천을귀인' 어플을 예로 들어 설명하였다.

2. 명주

사주팔자의 주인, 명(命)의 주체를 뜻한다. 만세력 어플 사용 시 명주의 성별과 생년월일의 음력 여부, 생시가 오전인지 오후인지 구별하여 정확하게 입력한다.

3. 사주원국

사주팔자는 네 개의 기둥(년주, 월주, 일주, 시주)으로 각각 두 글자씩 여덟 개의 글자로 구성된다. 이 구성을 '사주원국'이라고 부른다. 사주팔자와 같은 의미이지만 운의 영향력을 제외한 사주팔자만을 고려할 때 '사주원국'이라고 칭한다.

4. 천간과 지지

사주원국의 윗 줄의 네 글자는 천간의 글자다. 천간은 하늘의 글자라는 뜻으로 명주의 정신적인 지향성을 나타낸다. [甲갑 乙을 丙병 丁정 戊무 己기 庚경 辛신 壬임 癸계] 10글자로 이루어져 있다.

사주원국의 아랫 줄의 네 글자는 지지의 글자다. 지지는 땅의 글자라는 뜻으로 명주가 살아가는 환경을 나타내며 행동 경향성을 내포하고 있다. [子자 丑축 寅인 卯묘 辰진 巳사 午오 未미 申신 酉유 戌술 亥해] 12글자로 이루어져 있다.

5. 일간과 월지

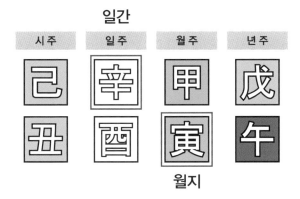

일간

시주	일주	월주	년주
己	辛	甲	戊
丑	酉	寅	午

월지

일주의 천간을 일간이라 한다. 사주팔자 중 명주를 나타내는 글자다. 일간을 중심으로 나머지 글자들의 관계를 따진다. 월주의 지지를 월지라 한다. 명주의 태어난 계절을 대표하는 자리로 사회적 환경을 가장 크게 나타내는 글자다.

6. 간지

천간과 지지를 줄여 부르는 말이다.

7. 대운

대운은 명주의 사주팔자와 마찬가지로 태어난 생년월일시로 대운이 시작하는 연령과 간지의 흐름이 순행인지 역행인지가 정해진다. 10년 주기로 들어오며 사주원국과 상호 작용을 이룬다.

8. 세운

세운은 1년 단위로 들어오는 운을 말한다. 만세력은 연도와 월, 일까지 모두 60갑자로 나타낸 달력이기 때문에 세운뿐만 아니라 월운과 일운까지 추론해 볼 수 있다.

사주명리와 심리학의 차이

●

동서양 문화의 차이

사주명리와 심리학은 동서양의 철학과 신념 체계를 매우 밀도 있게 나타내 주는 학문이다. 동양과 서양은 매우 다른 방향과 방식으로 사상이 발전해 왔기 때문에 사주명리에 대해 우리가 가지는 혼란스러움은 동서양 문화의 차이에서부터 접근해 보아야 한다. 왜 사주명리는 미신으로 생각되고 심리검사는 정확하다고 말하는 것일까. 사주명리가 역사적인 흐름에 의해 아직 음지의 학문으로 남아 있는 이유도 있겠지만, 동양 문화와 철학을 바탕으로 이루어진 명리학은 서양의 심리학이 익숙한 우리에게 모호함으로 남겨지는 부분이 많을 것이다. 이번 장에서는 동양과 서양의 문화적 차이에서부터 하나씩 비교해 보며 명리학과 심리학의 기본적인 바탕에 대해 알아보고자 한다.

먼저 동양과 서양의 가장 큰 차이는 세상과 인간을 어떤 존재로 보느냐에 있다. 서양의 세계관은 개별적인 개체들이 모여 세상을 이루고 있다는 전제를 가진다. 이 각각의 고유한 개체들이 모여 있는 세상이기 때문에 개체를 이루는 고유한 원자, 원소의 발견에 힘써 왔으며, 변하지 않는 고유한 진리를 추구하고 개별적인 정체성을 우선적인 가치로 여긴다.[7] 반면 동양의 사상은 세상을 구성원들이 하나로 연결된 거대한 공간이라고 생각하기 때문에 유기적인 전체를 중요하게 여긴다. 따라서 유기적인 관계를 가지고 있는 구성원들의 작용을 설명해 줄 수 있는 관계와 역할에 대한 사상이 발달했고, 이들이 서로 조화롭게 일체가 될 수 있는 동질성과 연결성에 더 가치를 두었다.[8] 이러한 세계관을 바탕으로 한 차이는 인간에 대해 탐구하고자 하는 심리학과 명리학에서도 잘 나타난다. 서양은 구분하고 분류하고 쪼개어 들어가 분석하고자 하고, 동양은 연결하고 통합하여 하나로 만들어 나가고자 한다. 따라서 심리학은 한 개인을 이해하기 위해 그 사람의 기질과 성격, 행동방식, 심리상태 등 개체에 대한 분석적 연구들이 발전해 왔고, 명리학은 명주가 얼마나 세상과 조화롭게 살아갈 수 있는지 관계와 환경을 분석하여 명주에 대해 가늠하고 추론하는 학문으로 발전해 왔다. 다시 말해 심리학은 개체에 대한 분석으로 시작하고, 명리학은 관계에 대한 분석으로 시작한다.

서양의 심리학 VS. 동양의 명리학

동양 사상은 기(氣)와 에너지의 흐름으로 세상과 사물을 이해한다. 동양의 많은 고전에서 기(氣)는 단순한 물질이 아닌 흐르는 힘이고 변화하는 운동성으로 기술하고 있다. 모든 생명을 눈에 보이는 형태와 품고

---

7. EBS 〈동과 서〉 제작팀, 김명진. 2016. 《EBS 다큐멘터리 동과 서》. 지식채널. p19
8. EBS 〈동과 서〉 제작팀, 김명진. 2016. 《EBS 다큐멘터리 동과 서》. 지식채널. p27

사주명리 속 심리학

있는 에너지의 운동으로 이해하고 있는 것이다. 이렇듯 우주와 만물을 기의 운동성에 의해 발생하는 것으로 보았기에 인간의 생명과 삶 또한 자연과 동일한 이치로 설명한다.[9] 기는 음에서 양으로, 양에서 음으로 끊임없이 그 형태를 변화시키는 흐름을 가진다. 밝음과 어두움으로 대비되는 음양이지만 각각의 단편적인 의미를 가지는 것이 아닌 해가 지면 달이 뜨는 것처럼 하나의 운동성으로 보아야 한다. 음양운동은 자연의 생성과 원소의 운동에 가장 근본적인 이치가 되며 명리학의 바탕이다. 세상 만물이 음양의 이치에 따라 오행의 운동을 하는데 인간의 삶 또한 이에 속한다. 한 개인이 태어나 죽을 때까지 음양오행의 흐름에 따라 삶의 길흉화복을 맞이하며 다양한 형태의 삶의 문제들을 경험하는 것이다. 우리는 삶을 통해 크고 작은 다양한 사건들을 경험하며 성장하기도 하지만 좌절과 절망감에 힘겨울 때도 많다. 사주명리는 명주에게 이러한 삶의 변화와 방향을 알려주고 어떠한 태도로 대처하고 살아가야 좋을지 안내하는 역할을 한다.

반면 서양의 심리학은 인간 내부에서 일어나는 개별적인 동기와 사회적인 환경의 역동을 살피며 인간의 본질에 대해 탐구해 왔다. 아리스토텔레스, 플라톤, 소크라테스와 같은 철학자들의 사유에서 인간의 본질이 무엇인지에 대한 물음의 답을 찾았다. 19세기 말, 생리학과 물리학의 실험실 기법을 인간 탐구에 대한 질문들을 연구하는 데 적용하면서, 심리학은 하나의 독립된 학문으로 등장했다. 이렇게 출발한 심리학은 개인의 행동과 인지과정, 정서에 대한 과학적인 연구로 정의된다. 인

9. EBS 〈동과 서〉 제작팀, 김명진. 2016. 《EBS 다큐멘터리 동과 서》. 지식채널. p56-59

간의 행동을 객관적인 수준으로 기술하여 동기에 대해 설명하고,[10] 인지, 정서, 행동을 조절하는 방법을 통해 삶의 질을 향상하는 것에 목적을 둔다. 따라서 우리는 심리학을 통해 한 개인의 성장과 변화를 위한 내적 요소들과 심리적 작동 기제에 대해 구체적으로 탐색할 수 있다.

사주명리를 바탕으로 한 여러 이론들은 한국인의 삶 속에 깊숙이 자리하고 있으며 한국인의 운명관에 미치는 영향이 크다고 볼 수 있다. 혹자는 정해진 운명이라면 타고난 팔자대로 살면 되는 것 아닌가라고 반문하기도 할 것이다. 그러나 인간은 자유의지를 가진 존재다. 어려운 일이 닥치면 해결하고자 하고, 죽음 앞에서도 살고자 노력한다. 즉, 인생은 운명이라는 결정성과 필연성을 가지지만, 그 운명을 대하는 개인의 자유의지와의 상호 작용에 의해 상대적, 확률적, 개연적 결정으로 만들어지는 것이다.[11] 사주명리와 심리학의 상호보완적인 역할도 이와 같다. 사주명리는 우리 삶의 방향과 환경에 대한 정보를 주어 어떤 자세로 어떤 시기를 살아내야 하는지 알려준다. 하지만 실제적으로 그 환경을 어떻게 살아가야 하는지에 대한 구체적인 행동 지침과 해답을 주지는 않는다. 운에 순응하며 균형을 맞추며 사는 것이 최선이라는 조언을 줄 뿐이다. 역술가들은 명에 맞는 직업 활동, 오행의 물상과 신살의 방위 등으로 개운(운이 트이도록 하는 일)을 이야기하기도 한다. 이러한 개운법들이 소소하게나마 기(氣)의 흐름을 원활하게 해 줄 수는 있지만, 나에게 주어진 운명을 어떻게 바라보고 삶을 살아갈 것인지는 개인의 자

10. Richard J. Gerrig, Philip G. Zimbardo. 2006. 《심리학과 삶》(박권생, 김문수, 박태진, 성현란, 이종한, 최해림, 홍기원 역). 시그마프레스. p8.
11. 김만태. 2013. 〈사주와 운명론, 그리고 과학의 관계〉. 《원불교 사상과 종교문화》. p.361.

유의지에 달려 있다. 결국 운명이라는 것은 하루하루를 살아가는 나의 마음과 행동으로 결정되는 것이다. 운명에 대처하는 방법은 개인의 변화와 성장으로만 가능하다. 합리적인 사고와 안정된 정서, 결단력 있는 행동이 오늘보다 더 나은 내일을 만드는 진정한 개운이며, 주도적으로 운명을 만들어 나가는 힘이다.

PART 2

음양오행

陰 陽 五 行

기질과 성격

음양오행이란?

●

'음양'이란 세상에 아무것도 존재하지 않았던 처음을 무극[無極]의 상태라 한다. 무극 다음의 상태가 태극[太極]인데, 태극은 아직 음양이 나누어져 있지 않은 상태를 말한다. 태극의 상태에서 음과 양이 만들어지고, 음과 양의 흐름으로 만물이 만들어진다. 태극은 끊임없이 순환하며 생성과 소멸을 만든다. 음양의 모습으로 나누어져 있지만 그 본질은 하나다.

음양은 기(氣)의 흐름이다. 양기는 상승하며 발산하고, 음기는 수렴하며 하강한다. 이 둘의 상호 작용을 통해 음양은 순환하고 조화와 통일을 이루며, 둘로 나누어지는 모든 상대적인 사물의 관계를 나타낸다.

양은 하늘, 정신, 이성, 남자, 지혜, 광명, 강경함, 대립, 결단 등 전진하고 발산하는 동적인 활동을 상징하고, 음은 땅, 육체, 욕망, 여자, 무지, 무명, 온순, 순종, 너그러움 등 포용하는 이미지와 정적인 활동을 상징한다. 음양의 관념은 사물들의 명암, 대소, 상하, 내외와 같은 존재 현상이나 인간사의 길흉, 선악 등 가치 개념의 대립적인 성질들까지 모두 포함한다. 이 두 가지의 측면은 각자의 작용만으로는 변화를 만들어 낼 수 없다. 태극도를 보면 음의 극은 양의 극과 맞닿아 있다. 이는 끝과 시작의 연결이며 흐름의 방향이다. 음은 양을 품고 양의 방향으로 향

사주명리 속 심리학

음양의 본질적 성향	
음(陰)	양(陽)
감추고 수축하는 성향	드러나고 펼치는 성향
현실적	정신적
형이하학적	형이상학적
부드러움	굳셈
소극적, 수동적	적극적, 능동적
포용하는	전투적인
내부지향적	외부지향적
정적인	동적인
여성적	남성적

해가고, 양은 음을 품고 음의 방향으로 향해간다. 공자는 《계사전》에서 '음양이 번갈아 도는 것을 도(道)라 한다'고 정의하였다. 만물은 이 음양의 상호 작용 속에서 존재하고 변화를 만들어나간다. 음양은 이원적인 것이 아니라 한 힘의 역동적인 분화 양상이다.[12]

음양으로부터 태양·소음·소양·태음 사상이 생겨난 것에 土를 포함하여 '오행'이 이루어진다. 땅을 음, 하늘을 양으로 하여 그 가운데 존재하는 만물을 다섯 가지 원소인 오행(木 火 土 金 水)으로 분류하였다. 오행은 인간을 포함한 자연의 모든 구성 요소들을 나타낸다. 오행 역시 음양의 흐름이다. 곧게 뻗어 올라가는 목(木), 더 크게 타오르며 확산시키는 화(火), 화의 뜨거움을 거두어들이는 토(土), 응축되고 단단한 모습으로 바꾸는 금(金), 응축된 결정체가 흐르며 내려가는 수(水)의 기운은 운동성을 가지며 음양의 작용을 한다.

---

12. 김기현. 2016. 《주역, 우리 삶을 말하다》. 민음사. p16.

木 굽고 곧다[曲直 곡직]
火 타오른다[炎上 염상]
土 심고 거둔다[稼穡 가색]
金 따르고 바뀐다[從革 종혁]
水 적시고 내려간다[潤下 윤하]

양
음

이러한 오행의 흐름은 음양과 마찬가지로 일정한 방향과 운동성을 가지는데, 이를 오행의 상생상극(相生相剋)이라 한다. 상생상극은 서로 생해 주고 극하는 관계를 말한다. 생(生)은 '낳다, 기르다, 만들다'라는 뜻으로, 상생은 서로 기르고 만들어주는 관계를 말하며, 극(剋)은 '이기다, 이루어내다, 다스리다'라는 뜻으로, 상극은 서로 다스리고 이기려는 관계를 나타낸다. 생과 극의 관계는 일방적이지 않으며, 상호보완적으로 작용한다. 예를 들면, 목생화(木生火)는 물의 기운으로 성장한 나무가 자신을 태워 불을 활활 타오르게 하는 작용을 일컫는다. 하지만 반대로 나무는 화의 작용인 태양 빛으로 성장한다. 목생화(木生火), 화생목(火生木), 이 두 가지의 상호보완적인 작용을 고려해야 한다는 것이다. 상생과 상극은 오행의 양방향적 작용을 내포하고 있다.

사주명리 속 심리학

오행의 상생(相生)

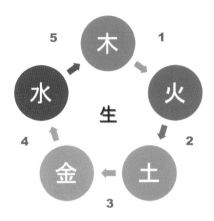

1. **목생화** : 물의 기운으로 성장한 나무는 자신을 태워 불을 활활 타오르게 하고,
2. **화생토** : 나무를 발판 삼아 타오르던 불은 땅의 기운으로 열기를 덮고,
3. **토생금** : 불의 확산을 거두어들인 땅은 광물을 만들어 낸다.
4. **금생수** : 땅속 광물질의 작용으로 물이 생성되어 길이 만들어지니,
5. **수생목** : 물은 흐르고 모여 씨앗을 자라게 한다.

오행의 상극(相剋)

1. **목극토** : 씨앗이 자라고 성장하면서 흙은 흩어지고 어지럽혀진다.
2. **화극금** : 강한 열기는 금속의 단단함을 녹인다.
3. **토극수** : 흙이 쌓여 물길을 가로막고 고이게 한다.
4. **금극목** : 날카로운 금속의 도구는 나무를 베고 깎는다.
5. **수극화** : 물은 불의 열기를 식히고 꺼트린다.

오행의 물상(物象)

하나의 사유체계인 음양오행 관념을 명리학에서는 감각을 통해 분별할 수 있는 구체적 사물이나 현상에 결부시켜 나타낸다. 각 글자가 나타내는 기(氣)에 따라 봄, 여름, 가을, 겨울의 계절을 나타내며, 방위,

맛, 소리, 색깔, 오장육부의 신체기관, 인간의 정서, 인간으로서 해야 할 도리를 나타내는 오상(五常)등 자연 및 인간의 일상과 관련된 전 분야에서 응용된다. 동양 사상에서 가장 최우선으로 여기는 가치는 균형과 조화다. 명리에서는 이를 '중화'를 이루는 상태로 본다. 중화를 이루지 못하고 과하게 넘치는 상태를 '태과', 부족하여 균형이 깨진 상태를 '불급'이라 한다. 오행의 태과와 불급은 인간의 삶과 건강에 매우 밀접하게 연관되어 있어, 오행의 다양한 물상들을 활용하여 중화를 이루고자 하기도 한다. 예를 들어 금오행이 매우 부족하여 사주의 균형이 깨져있다면 매운맛이 나는 음식으로 보양하고, 흰색과 숫자 4와 9를 활용한 의상과 인테리어, 비밀번호 등을 사용해 보는 것이다.

오행의 물상 분류표					
	木	火	土	金	水
계절	봄	여름	환절기	가을	겨울
방위	동	남	중앙	서	북
시간	아침	낮	사이	저녁	밤
인생의 시기	초년	청년	장년	중년	노년
맛	신맛	쓴맛	단맛	매운맛	짠맛
색깔	청색	홍색	황색	백색	흑색
숫자	3, 8	2, 7	5, 10	4, 9	1, 6
오상	인	예	신	의	지
신체	간, 담(쓸개), 눈, 신경계	심장, 소장, 혀, 혈액순환계	위장, 비장, 입, 소화계	코, 폐, 대장, 호흡계	신장, 방광, 귀, 생식기관
음양	소양	태양	양->음	소음	태음

이렇게 물상을 중심으로 오행의 성격적 특성도 살펴볼 수 있다. 다음은 명리 고전서인『적천수천미』의 내용을 바탕으로 오행이 나타내는

성격특성을 기술하였다. 현재는 과거와 비교할 수 없을 정도로 공간과 삶의 방식들이 매우 달라졌다. 따라서 현재를 살아가는 인간의 성격 특성들을 표현하는 언어도 다양해진 만큼 각 오행이 나타내는 대표적인 특성들을 중심으로 이해하길 바란다.

다섯 가지 원소 오행

木의 성격 특성

인(仁:어질 인)을 주관하는 목은 매우 자상하고 인자하다. 불행한 이들을 가엾고 불쌍히 여기는 '측은지심'이 있다. 인정이 많고 마음 씀씀이가 넉넉하며, 명분과 질서를 존중한다. 자신을 낮추는 겸손함과 상대방을 높이는 어진 마음을 갖추었다. 태과하면 성격이 한쪽으로 치우치게 되니 고집스럽고 이기적인 성향을 보이며, 불급하면 인자함이 적고 모든 일에 의심과 질투심을 가져 결단력이 부족하다.

火의 성격 특성

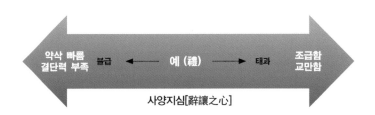

예(禮:예절 예)를 주관하는 화는 공손하고 위엄이 있어 말이나 행동이 점잖다. 겸손하여 다른 사람에게 양보하는 '사양지심'이 있다. 예의 바르고 너그러워 위엄은 있으나 악독하지 않으며, 아랫사람을 업신여기지 않는다. 매우 총명하여 생각하고 판단하는 능력이 뛰어나 빠르게 결정하고 행동한다. 태과하면 공손함과 총명함이 지나쳐 교만하고, 모든 일에 조급하고 과격할 수 있으며, 불급하면 약삭빠르고 교묘하며 결단력과 실행력이 부족하다.

土의 성격 특성

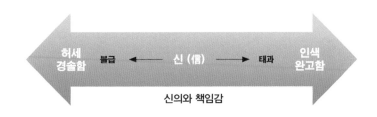

신(信:믿을 신)을 주관하는 토는 성실하고 지성이 있으며, 마음이 너그럽고 깊다. 인격을 중요하게 여기며, 보수적인 성향이다. 침착하고 포용력이 큰 편으로 말과 행동에 있어 신중하고 책임감이 강하다. 태과하면 자신의 생각만 고집하고 인색하며, 오만해진다. 불급하면 신중함이 부족해 경솔하고, 자신의 이익만을 추구하고자 하며, 없어도 있는 것처럼 행동한다.

金의 성격 특성

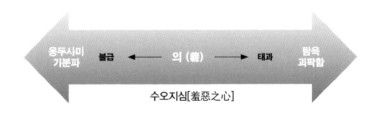

의(義:옳을 의)를 주관하는 금은 스스로 옳지 못함을 부끄럽게 여기고 잘못을 부끄러워하는 '수오지심'이 있다. 지혜와 용기가 뛰어나며, 강건하고 결단성이 있다. 의리와 체면을 중요하게 여기고 모든 일을 처리함에 있어 도리에 어긋나지 않는다. 태과하면 고집과 명예욕이 지나쳐 탐욕스럽고, 융통성이 부족해 타인에게 난폭한 성향을 드러내기도 한다. 불급하면 생각이 지나치고 과감하게 결단하지 못하여 매사 계획했던 일의 마무리가 부족하며, 순간적인 기분에 따라 행동한다.

水의 성격 특성

지(智:지혜 지)를 주관하는 수는 옳고 그름을 잘 판단하는 '시비지심'이 있다. 학문과 예술을 즐기며 폭넓게 생각하고 사교적이다. 굳셈과 부드러움이 조화를 이루고 실천하는 지식을 갖추어 해결책이 슬기로우며 행동이 신실하다. 태과하면 옳고 그름이 뒤바뀌어 목적 달성을 위해 수단을 가리지 않으며, 주어진 일을 감당하지 못해 무기력하고 자신에게 피해가 될까 회피하는 경향을 보인다. 불급하면 용감한 기운이 작아서 어떤 일을 도전하거나 시도하는데 결단력이 부족하며, 주체성 없이 상황에 따라 행동한다.

사주명리 속 심리학

내 사주 오행 분포 알아보기

•

먼저 만세력의 사주원국을 보자. 글자마다 오행에 따른 색(木. 火. 土. 金. 水)으로 표현되어 있다. 만세력 어플에 따라 색의 유무가 다를 수 있으니 아래의 표를 보고 오행을 분별해 본다.

	木	火	土	金	水
천간	甲乙	丙丁	戊己	庚辛	壬癸
지지	寅卯	巳午	辰戌丑未	申酉	子亥

사주팔자를 오행으로 바꾸었다면 다음의 오행 분포표를 그려 본다. 직관적으로 내 사주의 오행이 어느 영역에 위치해 있는지 알아보기 위

목 : 1
화 : 2
토 : 2
금 : 0
수 : 3

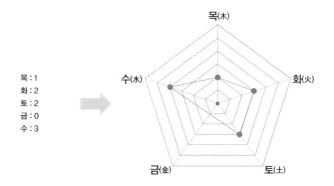

한 것이다.

내 사주팔자의 오행 분포가 음(금, 수)의 영역에 있는지, 양(목, 화)의 영역에 있는지 살펴보고, 특정하게 많은 오행은 무엇인지, 부족하거나 없는 오행은 무엇인지 확인하며 내 사주팔자의 특징적인 윤곽을 잡아본다. 음양과 오행의 특징들은 선천적인 나의 성향과 행동 양식의 방향을 나타낸다.

　　　　　　　　　　　　　　　　　　　사주명리 속 심리학

천간과 일간 알아보기

●

사주원국의 윗 줄의 네 글자는 천간의 글자다. 천간은 하늘의 글자라는 뜻으로 명주의 정신적인 지향성을 나타낸다. 오행의 음양을 나누어 목(甲갑 乙을), 화(丙병 丁정), 토(戊무 己기), 금(庚경 辛신), 수(壬임 癸계), 10글자로 이루어져 있으며, 일주의 천간을 일간이라 한다. 일간은 사주팔자 중 명주를 나타내는 글자다. 명주의 가장 고유한 특징을 담고 있으므로 일간별 성격특성을 중심으로 천간의 글자를 알아보도록 하자.

甲(갑목)

#직선적 #진취적 #추진력 #통솔력 #기획력 #주도적인

꽁꽁 얼어있던 땅을 뚫고 나와 양운동을 시작하는 에너지를 가진 갑목 일간은 최강의 생명력을 자랑한다. 초봄에 새싹이 강하게 위로 뻗어 오르는 것과 같이 갑목 일간은 위로 상승하는 직선운동의 작용을 내재하고 있어 씩씩하고 활기가 넘쳐 무슨 일에든 적극적으로 도전하고 성취하고자 한다. 양운동의 선두주자답게 남들보다 앞서고 싶어 하며, 승부욕과 경쟁심도 매우 크다. 자존심도 세고 자기주장도 강한 편으로 하늘을 향해 전진하고자 하는 이상주의자이며, 미래지향적인 경향성을 가진다. 하지만 이렇고 씩씩하고 항상 기운이 넘쳐 보이는 갑목 일간도 알고 보면 이제 막 시작한 양의 기운이기에 겁도 많고, 여리고 정이 많다. 목의 기운이라 책임감이 강하고 어질고 순수하며 어린아이처럼 속마음을 감추지 못해 얼굴에 마음이 다 드러나기도 한다. 힘차게 위로 솟구치는 긍정적인 에너지가 과하게 작용하면 독단적으로 일을 추진하거나 자신의 고집대로 밀어붙여 타인에겐 오히려 단점으로 보일 수 있으며, 어려움에 부딪혔을 때 한 번에 무너져 버릴 수 있기 때문에 주의해야 한다. 자존심 때문에 주변과의 타협점을 무시하거나 조언을 받아들이지 않을 가능성이 높은 일간이다. 갑목 일간은 융통성 없는 고집을 부리고 있는 일은 없는지, 남들보다 앞서나가는 자신을 과시하고 있지는 않은지, 배우자나 직장 상사와의 갈등을 무시하고 모른 척하고 있지는 않은지 항상 자신을 돌아보고, 소중한 관계들을 잘 지킬 수 있도록 노력해야 한다. 갑목은 크고 곧게 자라 단단한 나무가 되어야 하는데, 혼자서는 이룰 수 없기 때문이다. 기름진 토양이 바탕이 되어야 하고, 따뜻한 햇빛을 받아야만 잘 성장해 나갈 수 있다. 사랑하는 가족들과 나를 지지해 주는 친구들, 함께 힘을 모아야 하는 사회적 관계들을 위해 융통성 있는 고집과 유연한 통솔력을 발휘할 수 있도록 해야 한다.

乙(을목)

#현실적 #섬세한 #생명력 #적응력 #실리추구 #외유내강

갑목이 힘찬 기운으로 봄이 오는 양운동을 시작하면 을목은 완연하게 따뜻한 목의 기운을 퍼트린다. 봄날 초목이 구부러져 밀고 올라오는 모습으로 덩굴나무, 화초와 같이 강한 생명력을 가진다. 그래서 을목 일간은 부드럽고 약해 보이지만, 자존심과 추진력이 매우 강한 성향을 지니고 있다. 겸손하며 융통성 있고, 세심하고 감성적이지만 현실적이며 생활력이 매우 강하다. 내면이 강한 외유내강형으로 외적으로는 상황에 맞게 유연하게 대처하지만 인내심과 끈기로 목표한 일에 대한 경쟁에서 반드시 살아남고자 하며, 타협과 공존으로 자신의 영역을 넓혀나간다. 명랑하고 쾌활한 성격으로 처음 만나는 사람과도 스스럼없이 친해지며 여러 사람들과 어울리는 것을 좋아하고 함께 협력하는 법을 잘 알아 어디에서나 환대를 받는 편이다. 하지만 주변 상황에 민감하고 즉흥적인 성향으로 감정 기복이 큰 편이며, 체계적이고 고정되어 있는 것보다 자유로운 것을 선호하여 책임감은 다소 부족하다. 이러한 성향이 때로는 예민함과 우유부단함으로 나타나 소심하고 주체성이 약해 보일 수 있다. 자신의 감정을 정돈하여 원하는 것을 분명히 하고, 타인에게 솔직하게 표현할 수 있는 지혜가 필요하다. 또한, 강한 자존심이 이기적인 고집스러움으로 타인에게 작용하기도 하며, 이해타산적인 관계를 지향하기에 정치적으로 행동하기도 한다. 깊은 속마음을 좀처럼 드러내지 않는 일간이다. 스스로의 힘으로는 뻗어나가기 어려운 을목의 특성이 누군가와의 협력에 의존하는 경향성을 가지게도 한다. 부모님, 배우자, 친구 등 친밀한 관계에서 자신이 가지는 의존성을 당연하게 생각해 상대의 행동과 언어에 민감하게 반응하고 관계 불안으로 나타나기도 한다. 심리적 독립성을 갖추어 자율적인 주체가 되도록 노력해야 한다. 자신이 원하는 것을 스스로 실행하고, 자신의 결정에 책임을 지는 역량을 키우는 것이 중요하다.

丙(병화)

#열정적 #화려한 #진취적 #쾌활한 #공정한 #폼생폼사

봄을 지나 본격적인 화(火) 운동을 시작하는 병화 일간은 양운동의 대장이다. 태양이 만물을 비춰주듯 세상 곳곳을 밝게 비추려는 경향성으로 모두에게 공평함을 추구하고 옳고 그름에 대해 분별력 있는 태도를 가진다. 예의가 바르며 공사를 구별할 줄 아는 병화는 갑목과는 다른 따뜻한 리더십을 발휘하는 일간이다. 화려함을 좋아하고 활동적이어서 어디에서나 그 밝음과 명랑함으로 존재감이 뚜렷하게 드러난다. 자신의 의사를 솔직 담백하게 표현하고 분명한 태도를 보이며, 하고 싶은 일에 대한 확신이 서면 실행력 또한 강하다. 자신만만하며 지칠 줄 모르는 열정적인 모습이다. 언변이 매우 뛰어나 어려운 일이 생겨도 타고난 설득력과 추진력을 발휘하여 문제를 해결한다. 화(火)의 확산되는 에너지를 가진 병화 일간은 대인 관계에 있어서도 폭넓은 인간관계와 교류를 좋아하고 사업수완과 처세에 밝아 기회가 오면 놓치지 않고 성공의 발판으로 삼는다. 솔직하고 자신의 감정표현에 솔직한 것은 병화 일간의 장점이지만 상황에 따라선 자신의 감정을 숨기지 못하고 드러내는 것이 오히려 대인 관계에 마찰을 일으킬 수 있다. 자신의 의견과 감정을 표현할 때엔 상대방의 이야기에 충분히 귀 기울여 주고, 그 사람의 입장도 생각해 보아야 한다. 호불호가 강한 다소 극단적인 성격에 자기주장을 강하게 표현하기 때문에 주위 사람을 곤란하게 만들 수 있으니 주의가 필요하다. 급한 성격으로 종종 경솔한 언행과 변덕으로 실수를 하기 쉬우니, 즉흥적인 의사 결정과 참을성이 부족한 것은 병화 일간이 주의해야 할 점이다. 주변의 가까운 사람들의 이야기와 조언에 귀를 기울여 의사 결정을 내리도록 하고, 소중한 사람들에게는 감정의 조절보다 '표현의 조절'이 더 중요할 수 있다는 점을 기억하여야 한다.

丁(정화)

#원칙적 #세련된 #배려심 #이타심 #절제 #통찰력

병화가 만물을 비춰주는 태양이라면, 정화는 촛불, 등불로 비유된다. 강렬하게 타오르는 병화와 달리 부드럽고 온화하게 비춰주는 불이다. 화려하지는 않지만 세련되고 은근하게 화(火) 운동을 하는 정화 일간은 조용하고 우아한 매력이 있으며, 지혜롭고 강한 정신력과 예리한

통찰력을 가지고 있다. 자존심과 집념이 강하고 조용하며 소극적인 편이다. 어떤 일이든 침착하고 끈기 있게 처리하며 합리적인 실속을 챙길 줄 안다. 인정이 많고 온화한 성격으로 주변과도 차분하게 잘 어울리며, 희생정신과 배려심이 많고 한번 마음을 주면 변함없이 깊이 있게 교제한다. 섬세하고 깔끔한 성향으로 지저분한 것을 싫어하고 다른 사람에게 부담 주는 것도 싫어한다. 뛰어난 영감과 직감은 정화 일간의 창의적인 발상의 바탕이 되기도 하지만 때로는 지나치게 작용하여 의심과 불필요한 걱정이 많다. 외골수적인 성향은 이를 더욱 극단적으로 만들어 불화를 일으키기도 하고 감정 기복을 크게 만든다. 정화 일간은 적당히 타협하는 법을 모르기 때문에 감정 기복이 있을 때 성공과 실패, 옳고 그름 등 극단적인 이분법적 사고를 한다. 감정의 표현에 있어서도 쌓였던 감정을 한꺼번에 터트리는 경향을 보이며, 마음의 상처를 입으면 잊지 않고 복수심을 불태우기도 한다. 이렇게 자신의 감정을 조절하고 표현하는 데 있어 융통성이 떨어져 주변의 오해를 사기도 해서 내적 고민과 외로움을 많이 품고 있는 일간이다. 타인의 행동과 말에 휘둘리지 않는 자신만의 감정 조절법을 만들어 유연하게 스스로를 돌보는 것이 중요하다. 지나간 과거에 집착하여 앞으로 다가올 미래까지 불안함과 두려움으로 대하고 있다면, '지금 여기에' 현존하여 살고 있는 '나'를 찾아보길 바란다.

사주명리 속 심리학

戊(무토)

#신중한 #중후함 #포용력 #신뢰감 #중립적 #고정관념

무토는 양운동의 마지막 지점으로 양이 가장 강한 모습이다. 화(火)운동의 열기를 품고 가두어 음운동을 준비한다. 이렇게 음과 양을 고루 살피는 무토 일간은 큰 산과 같은 모습으로 너그럽고 속이 깊으며, 만물을 포용하는 듬직함이 있다. 남성적인 포부와 가치관을 가져 대담하고, 의지가 강해 마음먹은 일은 흔들림 없이 꾸준히 해나간다. 성실함과 안정감이 있어 어디에서나 신용이 있으며 경제적 이익을 추구함에 있어서도 명분과 절차를 중요하게 여긴다. 자신만의 주관과 개성이 뚜렷하여 생활력이 강하고 어려운 일이 있어도 스스로 해결하고자 한다. 정신적 가치를 추구하며 의사 결정에 있어 신중하고 실수가 적으며 변화를 싫어한다. 하지만 지나치게 자기 주관이 강해 다른 사람의 의견을 잘 받아들이지 못하고 융통성이 부족하여 독선적이고 폐쇄적인 경향을 보일 수 있다. 매우 보수적인 성향으로 자신이 옳다고 믿는 것만 인정하며, 무뚝뚝하고 감정표현이 서툴러 타인의 정서에 민감하게 대처하지 못해 자기중심적이라는 오해를 받기도 한다. 우직하게 자신의 신념에 따라 행동하기 때문에 의사 결정과 실천적 행동은 다소 느린 편이다. 음과 양을 다 품고 있는 무토 일간은 특유의 강점인 신뢰감과 책임감을 발휘하여 중립을 지키고 중재자의 역할을 잘 해내지만, 음과 양의 이중적인 모습을 가지고 있기도 하다. 과감하게 일을 추진하는 반면 어려운 일이 닥치면 자신의 일이 아닌 듯 회피하는 경향이 있다. 고정관념은 단단하게 굳어있는 상태의 생각을 뜻한다. 무토 일간은 이 단단함을 조금은 녹이고 다듬어 타인과의 관계에서도 스스로 내적인 문제에 있어서도 유연하고 탄력적인 신념을 지향하는 것이 중요하다.

己(기토)

#수용적인 #신중한 #분별력 #사교적 #표현력 #우유부단

기토는 무토에서 준비한 음운동을 본격적으로 시작한다. 낮은 지역의 평야로 씨앗이 뿌리를 내리기 좋은 토양이다. 그래서 기토 일간은 뭔가 키우고 성장시키는 것을 좋아한다. 어떤 작물이든 실속 있게 키워서 경제적 가치를 만들어 낸다. 현실적이고 생산적인 결과를 지향하기에 경제적 가치 추구에 일차적인 목적성을 가지며, 경제적 이익이 따르는 일에는 끈기와 성실함을 가지고 끝까지 해내는 강점을 보인다. 자기주장을 내세우지 않고 타인의 이야기를 잘 들어주며 어디에서나 적응력이 좋아 대인 관계가 원만하다. 사교적이며 중재 능력이 뛰어나 부드러운 추진력으로 자신의 이익과 영역을 구축한다. 신중하고 합리적인 성향으로 분별력이 뛰어나고 자기 관리를 잘하며, 표현력이 좋아 말을 잘한다. 하지만 토의 다중적인 성향을 기토 일간 역시 가지고 있어 자신의 속마음을 잘 드러내지 않고 종잡을 수 없는 양면성을 드러내기도 한다. 의심이 많고 보수적이어서 상황에 대처하는 순발력과 융통성은 다소 떨어지며, 복잡한 요인들로 인해 의사 결정에 있어 우유부단하고 한번 결정된 것에 대한 변화를 매우 싫어한다. 나의 생각에만 집중하기 보다 타인의 시선에서 보이는 조언들에 귀 기울일 필요가 있으며, 의사 결정에 있어 여러 가지 가능성에 대한 유연함을 키워나가야 한다. 또한 기토 일간의 현실적인 실리추구 성향이 지나치게 작용하면 소유욕이 매우 강해져 자신의 이익만을 생각하는 이기적인 사람으로 보일 수 있어 사회적 관계에서 주의가 필요하다. 타인의 권리와 공공의 명분도 고려하여 나의 이익과 연계되는 '우리'의 이익에도 관심을 가질 필요가 있다.

庚(경금)

#강직함 #정의감 #통솔력 #결단력 #승부욕 #원리원칙

경금은 냉정하고 강제적인 모습으로 양의 기운을 누르고 음운동을 한다. 다듬어지지 않은 큰 바위와 같은 모습으로 움직임의 양상이 크고 담대하며 차갑고 엄격한 결단력이 있다. 결정한 일은 바로 실행하여 끝까지 마무리하고, 대인 관계에 있어서도 직설적이고 솔직하며 맺고 끊는 것이 확실하다. 공과 사를 구분하는 분별력과 의지가 강하고 원리원 칙과 조직 논리를 중요하게 생각하여 보수적이고 권위적인 성향을 가진다. 이렇게 강한 성향을 가지는 경금 일간이지만 의리와 정의감이 있어 자신이 손해를 보더라도 힘없고 어려운 사람들을 돕고자 하며 속이 깊고 인정이 많다. 꺾이지 않는 용기와 승부욕으로 자신이 원하는 것은 실력으로 경쟁하여 성과를 이루어낸다. 다만 경금의 냉정함이 때로는 공과 사, 옳고 그름 등을 독자적으로 구분하고 고집스럽게 자신의 주장을 밀어붙여 타인과의 협력과 화합이 어렵기도 하다. 자신의 원칙과 명분을 중심으로 논쟁을 만들고 기존의 것을 고치고 바꾸고자 하는 경향성이 있어 독선적이고 오만함 모습을 보이기도 한다. 자신의 생각과 의견만을 옳다고 믿고 타인에게도 밀어붙이는 경직된 태도는 스스로에게도 강박적으로 작용할 수 있다. 자신의 틀에 갇히면 그 틀이 깨지지 않게 하기 위해 많은 에너지를 소모하게 된다. 조금이라도 틈새가 생기면 자신의 세상이 무너질 것 같은 불안함과 두려움을 가지기 때문이다. 우리가 사는 세상은 매우 다양한 모습의 사람들이 존재한다. 호불호가 강한 극단적인 대인 관계 패턴을 가지고 있다면 융통성 있는 태도로 타인과의 조화로움을 항상 염두에 두고, 타인의 의견과 조언에 귀 기울이고 수용할 수 있는 유연성을 키우는 것이 중요하다.

辛(신금)

#냉정한 #논리적 #정확한 #섬세한 #완벽주의 #Smart

가을을 마무리하는 늦가을의 차가운 기운을 가진 신금 일간은 이제까지의 에너지를 응축하여 결실을 맺은 완성된 열매이기에 최상의 가치를 지닌다. 그래서 어떤 일간보다 간섭받는 것을 싫어하고, 자존심이 강하다. 자존심을 건드리면 자신을 훼손시키는 것으로 생각해 냉정한 복수를 다짐하기도 하기 때문에 웬만하면 신금 일주와는 싸우지 말라고 할 정도다. 10개의 천간 중에서 가장 예리하고 예민한 성향을 가진다. 깔끔하고 단정하며, 섬세하고 빈틈이 없어 매사 논리 정연하고 체계적이며, 매우 총명하고 영리하며 기억력이 뛰어나다. 모든 일을 치밀하게 계획하고 정확하게 처리하려는 완벽주의 성향을 가지고 있으며, 목표한 일에 대한 성취와 집착력도 아주 강해 원하는 결과를 얻을 때까지 노력한다. 겉으로는 이렇게 완벽하고 냉정해 보이지만 속으로는 정이 많고 다정다감한 모습도 있다. 자기 사람이라 생각하면 끝까지 의리를 지키고 세심하게 챙긴다. 항상 새로운 것을 추구하고 발전시키며, 숨은 재능과 매력을 가지고 있다. 신금 일간이 가장 주의해야 하는 것은 자신의 예민함과 까칠함이 타인에게 향하면 날카로운 비수처럼 작용할 수 있다는 점이다. 의도하지는 않았지만 직설적이고 날카로운 말들이 누군가에게는 상처가 될 수 있으니, 소중한 가족과 아끼는 친구들에게 오해가 생기지 않도록 늘 말의 온도와 우회적인 표현을 염두에 두어야 한다. 또한 신금 일간은 가장 빛나는 보석인 만큼 자신이 최고라는 자만심과 우월감을 가지고 있다. '자만심'은 타인에게 그 가치를 인정받고 싶어 하기 때문에, 관심받고 사랑받고 싶은 욕구가 항상 채워지지 않는 일간이다. 자신의 존재를 알아주면 좋아하고, 알아주지 않으면 자존심에 상처를 받는다. 타인의 인정이 아닌 스스로를 인정해 주면서 보석의 내적인 가치를 더 가꾸어야 한다. 타인에게도 가치를 나눌 수 있는 신금이 진정한 보석이다.

壬(임수)

#총명한 #차분한 #기획력 #창조성 #친화력 #임기응변

임수는 금운동을 통해 압박시킨 음기운을 더 웅축시키며 저장한다. 넓은 바다와 같은 모습으로 마음이 넓고 잘 수용하는 성향이며, 지혜롭고 총명하다. 물이 고정되어 있지 않은 형태로 모양을 변화시키며 존재하는 것처럼 임수 일간은 변화에 유연하게 대처하고 처세술과 임기응변이 뛰어나 대인 관계가 원만하며 어디에서나 사람들이 많이 따른다. 호기심이 많고 다양한 분야를 폭넓게 습득하는 성향으로 기획과 계획, 모사하는 능력과 창의력이 뛰어나다. 현실적이고 물질적인 면을 중시하며 냉정하게 자신이 정한 목표를 추진해 나간다. 이렇게 다재다능함을 적극적인 에너지로 실천하며 늘 변화를 추구하는 임수 일간은 항상 새로운 사람과 새로운 곳을 추구하는 경향성을 가진다. 다만 새로움과 변화를 추구하는 성향이 때로는 변덕스러운 모습으로 드러나 참을성과 결단력이 부족할 수 있다. 앞장서서 일을 추진하지만 마무리까지 매듭을 잘 짓지 못하고, 충동적으로 감정을 표현할 때가 있어 타인과의 관계에서 오해를 사기도 한다. 자신의 속마음을 잘 표현하지 않고 혼자만의 비밀이 많으며, 타인에게 보여 주기 위한 과시욕과 허세가 있어 간혹 소중한 사람들에게 의도하지 않은 상처를 주기도 한다. 웅축하는 힘이 대단한 임수의 에너지가 다양하고 창조적인 방향으로 발산되는 것은 긍정적이지만 충동성과 변덕, 비밀스러움으로 추진하던 일이 용두사미가 되기 쉽고, 타인과의 관계에 신중하지 못해 고립감과 외로움을 쉽게 느끼는 일간이다. 고유한 개성을 잃고 싶지 않은 임수의 경향성에 맞는 진솔함과 담백한 대인 관계를 지향하는 것이 필요하고, 소중하고 가까운 관계에 소홀하지 않도록 주의해야 한다.

癸(계수)

#온화한 #다정한 #사교적 #합리성 #적응력 #감정기복

차가운 겨울의 모습을 한 계수 일간은 음수의 차갑고 응축된 에너지를 가지고 있지만 참고 참았던 양의 기운을 품고 있다. 이 양의 기운을 가지고 봄으로 향해가고 있어 임수처럼 웅크려 저장하는 성향과 갑목을 보살피고 키우고 싶어 하는 성향을 함께 지니고 있다. 침착함과 생동감 있는 온유함을 두루 갖춘 모습으로 자상하며 감수성이 풍부하고 합리적이며 지혜롭다. 겉으로 드러나지 않는 곳에서 책임감을 갖고 성실하게 일을 처리하며, 친화력이 뛰어나고 남에게 배푸는 것을 좋아해서 어디서든 대인 관계를 잘 유지한다. 흐르는 물처럼 변화에 민감하고 적응력이 뛰어나 임기응변과 상황에 따른 대처 능력이 좋으며, 통찰력과 인내력이 높다. 계수 일간은 타인의 시선에 예민하고 자신의 마음을 잘 드러내지 않아 공감 능력이 떨어지고 계산적으로 보이기도 한다. 합리적인 성향으로 손해 보는 일은 하지 않으며, 타인에게 아쉬운 소리를 하는 것도 싫어한다. 마음이 여려 쉽게 상처받고 눈물도 많지만 내색하지 않으니 계수 일간의 속마음은 쉽게 알 수가 없다. 풍부한 감수성이 때로는 감정 기복과 변덕스러움으로 나타나기도 한다. 계수 일간은 음과 양을 다 품고 있어 이런 정서적 이중성으로 혼란스러울 때가 있다. 스스로 감정의 변화를 살펴 타인과의 관계에서 오해가 없도록 주의해야 한다. 또한 섬세하고 차분하게 묵묵히 자신의 일을 해나가지만, 실천력은 다소 부족하여 마음먹은 일을 적극적으로 실행해나가는 힘은 약하다. 어려운 일이 생겨도 직접 나서기보다 고민하는 시간이 많다. 계수 일간은 행동으로 직접 실천하는 적극성과 꾸준한 집중력을 키워 자신만의 전문성을 키워나가는 것이 중요하다.

사주명리 속 심리학

원국의 오행 편중 사례

다음은 오행의 편중으로 관찰되는 사례들이다. 한 개인의 문제는 사주원국과 대운의 작용 등 사주명리 이론들의 복합적 작용으로 발생되는 것이지만, 가장 근본적인 원인은 원국의 오행 편중에서부터 찾아볼 수 있다. 치우친 오행은 몸과 마음의 조화로운 균형을 깨트려 신체적 발병을 일으키기도 하고, 심리적 건강에 위협적인 요소로 작용한다. 독자들의 이해를 돕기 위해 원국의 태과한 오행을 중심으로 사례를 살펴보고자 한다.

폭주하는 기관차: 분노 조절과 충동성

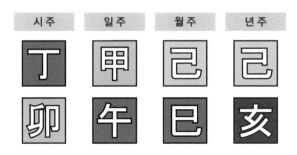

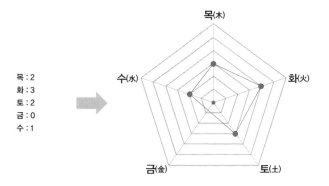

목 : 2
화 : 3
토 : 2
금 : 0
수 : 1

위 사주의 오행 구성을 보면 화(火)를 중심으로 분포해 있다. 천간은 목생화(木生火), 화생토(火生土)의 상생 작용을 하고, 지지는 목생화의 구조가 두드러져 전체적으로 오행 화의 기운이 강한 사주다. 뻗어 올라오는 목의 기운을 더 크게 증가, 확산시키는 화는 양(陽) 운동의 절정까지 오르려 한다. 양운동은 드러나고 펼쳐지는 성향으로 외부지향적이며 동적인 특징을 갖는다. 특히 화오행이 태과하면 정서적으로 모든 일에 조급하고 충동적일 수 있으며, 초조함과 불안 수준이 높고 분노에 대한 인식과 정서조절능력이 불안정한 경향성을 가진다. 신체적으로는 심장과 소장이 관련되므로 이 장부가 관할하는 고혈압, 저혈압, 고지혈증, 신경쇠약, 갑상선, 혀 질환, 화병, 중풍 등을 주의해야 한다.[13]

위 사주의 명주인 60대 초반의 미숙 씨는 심한 우울감과 무력함, 가족들과의 불화로 매우 힘들어하고 있었다. '여기저기 아프고 힘들지만 누구 하나 자신을 이해해 주고 도와주지 않는다. 사는 게 의미가 없다.'

---

13. 김용회, 김만태. 2019. 〈오행 중 화 (火)의 태과 (太過) · 불급 (不及)에 관한 명리학적 고찰〉. 《인문 사회》 21, 10(2), p759.

라는 문제로 상담실을 찾았다. 상담 중 주요 사건에 대한 이야기를 할 때는 호흡이 가빠지고 목소리가 떨리는 등 감추지 못할 정도로 신체적 증상을 나타냈다. 미숙 씨는 10대 때부터 돌아가신 엄마를 대신해서 집안일을 맡아 했고, 어린 막냇동생을 키워야 했다. 성인이 되어서도 너무 어린 동생 때문에 스스로의 삶을 위한 선택을 할 수 없었다. 미숙 씨에겐 자신의 20대를 희생해서 가족을 위한 선택을 한 것이지만 가족들은 알아주지 않았고 미숙 씨의 희생은 당연하게 여겨졌다. 미숙 씨는 현재 자신의 삶이 모두 아버지 때문에 잘못되었다고 생각했다. 자신에게는 선택권이 없었다고, 다 아버지 때문이라고… 아버지만큼은 자신의 희생을 인정해 주고 위로해 주길 바랐지만 아버지의 애정은 어린 동생에게만 향해있었다. 하지만 미숙 씨는 아버지에게 이런 억울함과 부당함을 말할 수 없었고, 마음속 뿌리까지 닿아있는 원망과 분노는 미숙 씨 삶의 전반에 영향을 미쳤다. 결혼 후엔 그 분노가 남편에게, 출산 후엔 아이들에게 돌아갔다.

미숙 씨는 우리가 흔히 '화병'이라고 알고 있는 증상과 유사하다. '화병'은 2013년 개정된 DSM-5(미국정신의학회의 질병 분류인 「진단과 통계 요람」 제5판)에서는 삭제되었지만, DSM-4(1994)에서는 문화 관련 증후군으로 분류될 만큼 한국인의 정서와 관련한 병명으로 우리에겐 익숙한 단어다. 화병은 전통적 동의학 문헌에서 독립된 병명으로 다루어지진 않았으나 조선 중기부터 민간에서 광범위하게 사용되고 있었으며 화(火)와 관련된 여러 가지 증상과 병적인 예후가 일치한다.[14]

화병의 주요한 정서는 억울함과 분노다. 부당하고 억울한 일들을

---

14. 최보문. 2014. 〈화병〉.《지식의 지평》, 17, p60.

겪으면서 장기간 누적된 분노가 화기(火氣)로 내재되어 발생하며, 자책과 원망이 개입된 피해의식으로 감정조절에 어려움을 보인다. 분노의 억압으로 인해 다양한 신체화 증상들을 동반하기도 한다.

분노는 사실 누구나 일상에서 종종 경험하는 기본적인 감정 중의하나다. 가벼운 짜증부터 격렬한 분노까지 다양한 강도로 나타나는 주관적인 감정 상태로 정의되며, 분노를 경험할 때는 맥박이나 혈압 등의 생리적 반응과 공격성이 증가하고, 불쾌한 감정을 표현하고자 하는충동이 생기게 된다.[15] 이렇게 분노를 경험하는 것은 자연스러운 정서적 상태다. 하지만 분노를 표현하는 것은 부정적 감정에 대응하는 개인의 행동 양식을 나타내기 때문에 표현 방식에 따라 역기능적일 수 있다.[16] 다음은 나의 '분노표현방식'은 어떠한지 알아볼 수 있는 질문지다. 화가 났을 때 어떠한 방식으로 표현하는지 각 문항의 점수에 표기해보자.

한국판 상태–특성 분노표현 척도(State-Trait Anger Expression Inventory: STAXI-K)[17]

문항	화가 날 때 나는~	전혀 그렇지 않다	때때로 그렇다	자주 그렇다	거의 항상 그렇다
1	말을 하지 않는다.				
2	뚱해지거나 토라진다.				
3	사람들을 피한다.				

15. 최순영. 2015. 〈중년여성의 분노표현방식이 화병에 미치는 영향 : 포커싱적 태도의 매개효과〉, 덕성여자대학교 문화 산업대학원 석사학위논문. p19.
16. 양난미, 이정훈, 송미경, 이은경. 2020. 〈중년의 분노표현 양식에 따른 하위집단 간 공격성, 인지조절전략 및 행복 차이〉, 《사회과학 담론과 정책》, 13(1), p99.
17. 전겸구, 김동연, 이준석. 2000. 〈한국판 상태–특성 분노 표현 척도 (STAXI–K) 개발연구: IV〉, 《미술치료연구》, 7, p33–50.

문항	화가 날 때 나는~	전혀 그렇지 않다	때때로 그렇다	자주 그렇다	거의 항상 그렇다
4	상대의 시선을 피한다.				
5	아무에게도 말하지 않으며 속으로는 앙심을 품는 경향이 있다.				
6	속으로 다른 사람들을 비판한다.				
7	나 자신이 인정하고 싶은 것보다 더 화가 나 있다.				
8	다른 사람들이 알고 있는 것보다 더 화가 나 있다.				
9	화난 감정을 그대로 표현한다.				
10	소리를 지른다.				
11	문을 쿵 닫아버리는 식의 행동을 한다.				
12	사람들과 말다툼을 한다.				
13	목소리를 높인다.				
14	욕을 한다.				
15	자제심을 잃고 화를 낸다.				
16	화난 표정을 짓는다.				
17	화를 참는다.				
18	다른 사람들에게 인내심을 갖고 대한다.				
19	냉정을 유지한다.				
20	나의 행동을 자제한다.				
21	화가 나더라도 침착하게 자제할 수 있다.				
22	대부분의 사람들보다 빨리 진정한다.				
23	참고 이해하려고 노력한다.				
24	화난 감정을 자제한다.				

질문에 모두 표기한 후 1~8번, 9~16번, 17~24번까지의 총점을 각각 구한다. 1~8번은 '분노 억제' 경향성을 측정하며, 9~16번은 '분노 표출', 17~24번은 '분노 조절'에 대한 것이다. 점수가 높을수록 분노를 표현하는 각 방식의 경향성이 높은 것을 나타낸다. '분노억제'는 분노 유발 상황과 관련된 감정 자체를 억압하고 부정하며, '분노표출'은 다른 대상에게 자신의 분노를 신체적, 언어적 행위를 통해 공격적으로 표현한다. '분노조절'은 분노를 통제하고 상황에 맞게 조절하기 위해 노

력하기 때문에 공격적이지 않은 방식으로 표현한다. 일반적으로 '분노
억제'와 '분노표출'은 부적응적 방식으로 여겨지며 부정적 정서와 밀
접하게 관련되는 것으로 연구되고 있다. 미숙 씨의 사례에서는 발산해
야 하는 화(火)를 억압하는 방식으로 다루어 '화병'의 증상으로 나타났
지만, 청소년과 초기 성인기의 화(火)의 편중은 많은 사례에서 충동성과
공격성으로 드러나는 것을 관찰할 수 있다. 분노를 다루는 것은 결국
'억제'와 '표출'에서 얼마나 통제할 수 있는지가 중요한 문제가 된다.
사람들은 '분노'와 같은 부정적인 감정에 압도당할 때 상황과 기분에
휩쓸려 자동적인 행동반응을 취하게 되며, 나를 보호하기 위한 기제로
'분노표현방식'을 선택한다. 분노감을 인지했을 때 잠시 머물러 주도적
인 통제력을 갖출 수 있다면, 이전보다 '분노'를 대처하는 행동 양식이
유연해질 것이다. 자기 통제력은 정서 조절 능력의 가장 기초적인 요소
다. 다음은 분노가 일어나는 상황에서 자기 통제력을 키워 볼 수 있는
간단한 time-out 행동 기법들이다.

1. **mental time-out**: 구구단 외우기, 숫자 거꾸로 세기, 나라 이름
   떠올리기 등
2. **physical time-out**: 산책하기, 음악 듣기, 수다 떨기, 운동하기 등

이 외에도 분노감이 느껴질 때 스스로에게 'Stop', 중지' 등의 말
을 한 후 유쾌하고 즐거운 심상을 떠올리며 주의를 바꾸는 '사고 중지
(Thought stopping)' 기법과 복식호흡으로 화난 상태의 흥분을 가라앉히는 방
법들이 있다.[18] 어렵지 않게 시도해 볼 수 있는 일상적인 방법들이지만

분노가 일어나는 상황에서 적용시키기 위해서는 자신이 가장 쉽게 실시할 수 있는 방법을 찾아 습관이 되도록 연습해 보는 것이 중요하다.

사람들은 날 이해하지 못해: 우울과 대인기피

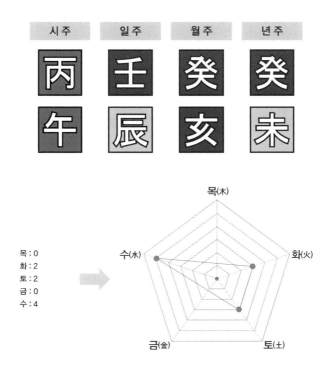

18. 안진희. 2012. 〈분노조절 인지행동프로그램이 우울성향집단에 미치는 효과 : 우울, 분노, 자아존중감, 자살사고를 중심으로〉. 덕성여자대학교대학원 석사학위논문. p87.

위 사주의 오행 구성을 보면 수(水)의 영향력이 매우 크다. 천간은 강한 수(水)의 기운을 화(火)가 극하고 있고, 지지의 중심이 되는 월지(亥 해수)와 일지(辰진토)의 글자는 천간의 수기운을 받쳐주고 있다. 차갑고 어두운 수운동을 화와 토가 극하고 있지만 깊이 있게 자리 잡고 있는 수의 기운을 감당하기엔 부족한 모습이다. 응축시키고 저장하는 수의 음운동은 감추고 수축하는 성향으로 내부지향적이며 정적인 특징을 갖는다. 특히 수오행이 태과하면 정서적으로 우울감과 무기력함을 가지며, 외부로 발산되어야 하는 에너지가 내부로 향하는 자기 초점적 성향을 가진다. 또한 두려움과 불안 수준이 높고 타인에 대한 인식과 대인 관계 양상이 부정적인 경향성을 나타낸다. 신체적으로는 신장과 방광이 관련되므로 이 장부가 관할하는 수종, 부종, 신우신염, 신장염, 신장암, 신장결석, 방광결석, 방광암, 방광염, 방광결핵 등을 주의해야 한다.[19]

위 사주의 명주인 20대 초반의 진호 씨는 심한 우울감과 무기력함으로 몇 달째 집에서만 지내고 있었다. 부모님의 이혼으로 경제적으로 불안정한 생활이 지속되어 고등학교 졸업 후엔 진학이 아닌 독립을 선택하였고 닥치는 대로 생계를 위한 단기취업과 아르바이트를 병행해 나갔다. 주로 단순 노동직으로 타인과의 접촉이 거의 없는 일들이었다. 초기 면접 시에도 상담자의 시선을 피하며 위축된 모습을 보였고, 타인의 정서에 매우 둔감하게 반응하는 양상을 나타내었다. 진호 씨는 어렸을 때부터 친한 친구 한두 명 외에는 가까이 지내지 않았고, 조용하고

19. 김용회, 임동호. 2020. 〈사주명조의 오행 중 수(水)의 태과(太過)·불급(不及)과 건강의 연관성에 관한 명리학적 고찰〉. 《인문사회》 21, 11(2), p1107.

내성적인 학생이었다. 발표를 해야 하는 수행평가가 있는 날이면 두통과 복통이 심해서 결석을 하는 날도 있었다. 부모님의 이혼은 진호 씨에게 경제적 어려움 외에도 심리적 그림자를 짙게 키우는 계기가 되었다. '내가 못생기고 찌질하지만 않았어도 엄마, 아빠가 이혼하지 않았을 거야. 다 나 때문이야.' 아르바이트를 하면서도 자신의 이런 부정적 모습을 누군가에게 들켜서 무시당할까 봐 늘 불안하고 초조했으며, 사장님과 윗사람들을 볼 때면 괜히 무섭고 어떻게 대해야 할지 어려웠다. 낯선 사람들을 마주치는 것조차 점점 불편해져서 일도 모두 그만두고 고립된 생활을 이어오다 상담실을 찾았다.

진호 씨는 '우울증'과 '회피성 성격장애'의 증상을 복합적으로 나타내고 있었다. 수(水)의 내부지향적인 운동성은 상대적으로 외부의 자극에 민감하게 반응하게 되며, 특히 '거부'와 '처벌'과 관련된 상황에서 민감성은 과도하게 활성화된다. 또한 수의 차갑고 어두운 에너지는 부정적인 자아상을 점점 깊어지게 만든다. 이러한 수오행의 부정적인 심리작용은 깊은 우울감과 두려움을 수반한다. 특히 타인의 거절, 거부, 비난에 대한 두려움은 '대인기피' 행동을 설명하는 주요한 이유가 된다. 회피성 성격을 가진 사람들은 높은 대인 관계 욕구를 가지지만 타인에게 거절당하는 것이 두려워 사회적인 대인 관계 자체를 회피한다. 이러한 경험 회피는 단기적으로 불안을 감소시키기는 이점이 있지만 회피행동이 지속될수록 외로움, 불안, 우울, 약물 의존 등을 포함한 비적응적인 결과를 가져오기도 한다.[20] 회피성 성향과 우울 모두 공통적

---

20. 정병주. 2022. 〈회피성 성격이 정서조절곤란에 미치는 영향 : 거부민감성의 매개효과〉. 경북대학 교대학원 석사학위논문. p1.

으로 대인 관계에 있어 부정적 자아상과 더불어 '나는 부적절한 사람이다', '사람들이 진짜 내 모습을 알면 분명히 나를 싫어할 것이다' 등의 인지적으로 왜곡된 신념을 보인다.[21] 이렇게 깊게 깔려있는 부정적인 자기 개념을 수정하면서 있는 그대로의 자신을 수용하는 것이 치료의 근본적인 목적이 된다.

　삶의 과정에서 마주하게 되는 모든 경험에 대해 회피하거나 억압하지 않고 있는 그대로 받아들이는 것을 '자기 수용'이라고 한다. 사람들은 누구나 양면적 자아상을 가지고 있다. 긍정적인 면은 쉽게 인정하고 받아들이지만, 부정적인 면은 인정하고 싶지 않은 것이 당연하다. 하지만 이는 자신의 일부만을 인정하는 것이므로 대인 관계에 있어 부정적으로 작용한다. 자기 수용이 낮은 사람은 자신을 부정적으로 인식하기 때문에 소극적이고 열등감을 가지기 쉬우며 타인을 불신하는 태도를 가지게 된다.[22] 반대로 자기 수용이 높은 사람은 자신뿐만 아니라 타인을 인정하고 수용하는 태도도 높게 나타난다. '자기 수용'을 통해 타인의 거부나 비판을 견딜 수 있는 능력을 키우고 균형 있는 자아상을 형성하는 것은 누구에게나 단단한 마음 근육을 키우는 훌륭한 방법이 될 것이다. 다음은 '자기 수용'에 가까워지는 문장들이다. 문장을 읽고 나는 이 문장에 어느 정도 가까운지 생각해 보자.

21. 김남재. 1996. 〈우울과 대인불안의 인지적 특성 비교〉.《덕성여자대학교: 덕성여대논문집》, 25, p277.
22. 이주연. 2014. 〈자기 초점적 주의와 공감과의 관계: 자기 수용과 정서표현의 매개효과〉. 건국대학교 대학원 석사학위논문. p3.

무조건적 자기 수용 척도(Revised Unconditional Self-Acceptance Questionnaire: USAQ-R)[23]참고

자 기 수 용
나에게 중요한 어떤 목표를 이루지 못한다 해도 나는 가치 있는 사람이다.
나는 부정적인 피드백을 받으면 그것을 내 행동 혹은 수행을 향상시킬 수 있는 기회로 삼는다.
내가 큰 실수를 저지른다면 실망스럽긴 하겠지만, 내 자신에 대한 전반적인 생각에는 변함이 없다.
내가 그저 한 인간이라는 사실만으로도 나는 가치 있는 존재다.
다른 사람들이 나를 인정해 주지 않더라도 나는 가치 있는 사람이다.
내가 가치 있는 사람인지를 판단하기 위해 다른 사람과 비교하지 않는다.
내가 비난을 받거나 어떤 일에 실패한다 해도 나는 한 인간으로서 가치가 있다.

위의 문장에 조금이라도 머뭇거림이 있다면 자신의 가치감이 타인과 외부 환경에 의해 결정될 가능성이 높다. 허점 투성이고 실수도 많은 자신을 너그럽게 수용하고, 스스로의 가치를 누군가 결정하도록 허락하지 않기를 바란다. 자존감이 낮아지고 우울감이 찾아올 때 '자기 수용 문장'을 떠올리며 선언문처럼 일상에서 활용하는 것도 좋은 방법이 될 것이다.

완벽이라는 내 머릿속 감시자: 완벽주의와 강박사고

---

23. 추미례, 이영순. 2014. 〈무조건적 자기 수용 척도 타당화〉, 《한국심리학회지: 상담 및 심리치료》 26(1), p33.

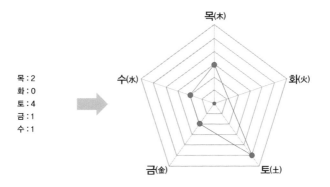

목 : 2
화 : 0
토 : 4
금 : 1
수 : 1

위 사주의 오행 구성을 보면 토(土)를 중심으로 분포해 있다. 수(水) 일간이 묘목(卯)을 잘 키우고 싶지만 메마른 땅이 막아서고 있는 모습이다. 토는 기본적으로 포용과 중재의 역할을 하지만 토가 태과하면 목(木)은 첩첩이 쌓인 흙을 뚫고 자라기 어려우며 화(火)는 흙더미 속에서 불빛이 어두워진다. 금(金)은 흙속에 묻히면 가치가 떨어져 유용하게 쓰이질 못하며, 맑게 흘러야 하는 수(水)는 길이 막혀 답답하고 방향을 잃게 된다. 또한 두터운 토양은 그만큼 드러나지 않아 복합적인 기운을 가지며 묵직하게 내부로 향하는 운동성을 가진다. 심리적으로 자신과 타인의 정서에 둔감하며, 강박적으로 스스로를 점검하고 절제하는 성향이 강해 편집증적인 경향성을 나타내기도 한다. 신체적으로는 위와 비장 등 소화기 계통의 문제와 관련되므로 불급할 경우 부종, 각기병, 구취, 위장병, 당뇨병, 설사 등을 주의하여야 하며, 태과할 경우 각 오행을 극하기 때문에 폐질환, 심장병, 고혈압, 빈혈, 발광, 야뇨증, 중풍, 위암, 자궁암, 변비 등을 주의하여야 한다.[24]

---

24. 윤진. 2021. 〈명리이론과 질병의 상관관계 연구 : 사례분석을 중심으로〉. 경기대학교 행정사회복

위 사주의 명주인 50대 중반의 희정 씨는 높은 불안과 심리적 고통감으로 상담실을 찾았다. 이혼 후 아이들을 키우며 열심히 살아왔으며, 몇 번의 고비가 있었지만 현재는 세무사 사무실을 안정적으로 운영 중이다. 하지만 이혼 후 만나게 된 이성들과 관계가 깊어질수록 불안함과 의심이 커져 지속적인 관계를 이어나가기 어려웠고, 한 번의 사업 실패로 일과 관련한 문제에 있어서는 강박적으로 점검하며 무조건 성과를 낼 수 있도록 직원들을 관리하였다. 갈수록 대인 관계가 어렵고 부담스러워졌다. 믿을만한 사람이 주위에 한 명도 없는 것 같았다. 기존의 사적 모임과 사회적 활동들에 있어 이런저런 변명거리를 만들어 자리를 피하기 시작했고, 자연스럽게 혼자 일하는 시간이 늘어났다. 조금이라도 실수가 생기면 아이들과 자신의 생계를 책임질 수 없게 될 것 같아 모든 일을 완벽하게 처리해야 했다. 누군가에게 자신의 불안함과 나약함을 들키면 이용당하고 상처를 받게 될 것 같아 어디에도 고된 마음을 털어놓지 못했다. 불안과 타인에 대한 의심은 한순간도 희정 씨의 마음을 편하게 놔두지 않았다.

강박적인 완벽주의적 성향은 심리적으로 유연성을 억압하여 주관적 고통감을 높게 만드는 주범이다. 완벽주의(perfectionism)는 개인의 수행에 대해 매우 높은 기준을 세우고 결점이 없는 완벽한 상태를 지향하는 성격 특성을 말한다. 완벽주의는 크게 적응적 완벽주의와 부적응적 완벽주의로 나누어 볼 수 있다. 적응적인 완벽주의는 현실적으로 가능한 높은 기준을 세우고 이를 성취하기 위해 꾸준히 노력하며 그 과정에서 만족감을 경험한다. 반면, 부적응적인 완벽주의는 비현실적으

지대학원 석사학위논문. p30.

로 높은 기준을 세우고 목표를 이루지 못하는 자신을 계속해서 책망하고 전전긍긍해하며 실수나 평가에 과도한 민감성을 가진다.[25] 희정 씨는 부적응적 완벽주의 성향과 맞물려 불확실성에 대한 두려움과 지나치게 자신의 책임을 높게 평가하는 경향성이 상호 작용하면서 심리적 고통을 악화시키고 있었다.

부적응적 완벽주의는 성공보다는 실패의 경험이 더 많기 때문에 실수에 대한 두려움과 자신의 능력에 대한 의심으로 부정적인 강박사고와 밀접한 관련성을 가진다. 자동적으로 침투되는 강박사고는 한 개인의 왜곡된 인지 도식을 활성화시켜 심리적으로 경직된 상태를 더 확고하게 만든다.[26] 토(土)에 배속된 감정은 이것저것 생각하는 '사려(思慮)'다. 사려는 망설이는 마음으로, 이 생각 저 생각이 한없이 밀려들어 중앙으로 만물이 모여드는 것과 같은데,[27] 강박사고는 이런 토(土)의 작용과 유사하다. 이러한 완벽주의의 부정적 강박사고는 정서, 행동, 자기 지각의 측면에서도 부정적인 결과를 가져온다. 정서적으로는 우울과 불안, 심리적 불편감이 높아지며, 행동반응으로는 지연, 회피, 강박행동, 자기 개방의 어려움을 보인다. 자기 지각의 측면에서는 자기 효능감과 자기 존중감의 저하 등이 나타난다.[28] 따라서 부적응적인 완벽주

25. 박현주, 정대용. 2015. 〈부적응적 완벽주의와 자존감이 심리적 고통에 미치는 영향: 자기 가치감의 영역별 수반성의 조절된 매개효과〉. 《상담학연구》, 16(5), p124.

26. 송민정, 이민규. 2011. 〈책임감과 기억확신이 강박증상에 미치는 영향: 부적응적 완벽주의의 매개효과〉. 《한국심리학회지: 임상》, 30(3), p630.

27. 박정련. 2012. 〈국악치유론 기반을 위한 동양학적 이론 근거 모색―황제내경 (黃帝內徑)과 예기 (禮記) 악기 (樂記)에 나타난 '오행감정 (五行感情)'을 중심으로〉. 《국악원논문집》, (26), p58.

28. 정승진, 연문희. 2000. 〈완벽성 감소를 위한 인지행동 집단상담 프로그램 개발〉. 《한국심리학회지: 상담 및 심리치료》, 12(2), p17.

의와 강박사고로 고통받고 있다면 부정적 사고 과정을 탐색하고 인지적 오류를 수정하는 것이 필요하다. 부정적 완벽주의자들의 대표적인 '인지 왜곡'으로는 '성공 아니면 실패'라고 생각하는 이분법적 사고, 흔히 있을 수 있는 일반적인 실수도 그것으로 인해 실패할 것이라고 믿어버리는 과잉일반화, '완벽하기 위해 더 잘해야만 해'라고 끊임없이 스스로에게 당위성을 부과하는 당위적 사고가 있다.

완벽주의뿐만 아니라 대부분의 심리적 문제들은 개인적인 경험에서 형성된 왜곡된 사고로부터 영향을 받는다. 자동적으로 떠오르는 이런 왜곡된 사고는 우리의 정서와 행동에 직접적인 영향을 미치므로 현재 부정적인 감정 소모와 심리적 불편감을 가지고 있다면 다음의 [인지 왜곡 유형]들을 보고 자신이 가지고 있는 '인지 왜곡'의 종류는 어떠한 것들이 있는지 찾아보자.

부정적 사고와 인지왜곡	
흑백논리	'흑과 백'으로만 생각하며 중간이나 회색은 없다고 생각한다. 전적으로 좋거나 나쁜 경우는 거의 없기 때문에 이런 생각은 비현실적이다. (예: "100% 완벽하지 않으면 사람들이 나를 싫어할 거야")
과잉 일반화	하나의 부정적 사건을 일반적인 사실이라고 확대 해석하여 우연히 일어난 일이 앞으로도 계속 일어날 것이라고 단정 짓는다. (예: 남자 친구와 헤어지고 나서 '아무도 나를 좋아하지 않을 거야.')
과장/ 축소하기	부정적인 사실의 중요성을 지나치게 과장하고 긍정적인 일의 의미는 축소시켜 버린다. (과장하기의 예: "업무 처리에 실수를 했어. 모든 사람들이 이 사실을 다 알게 될 것이고, 나는 얼굴을 들고 다니지 못하게 될 거야!") (축소하기의 예: "일이 잘 된 것 같아. 하지만 내가 잘해서 이렇게 된 건 아냐. 운이 좋았을 뿐이야.")
당위적 진술	마치 그렇게 하지 않으면 비난을 받을 것처럼, '반드시', '절대로', '해야 해' 등의 단어를 사용하며 스스로를 압박한다. (예: "모든 일을 완벽하게 해야 해." "다른 사람들에게 도움을 청해서는 안 돼." "내 감정을 잘 조절해야만 해.")
명명하기	자신 또는 타인의 사소한 실수나 행동에 부정적인 명칭을 붙여 감정적으로 극단적인 표현을 사용하는 것을 말한다. (예: "그 사람은 바보야." "그 회의는 완전히 시간 낭비였어." "몸무게가 1kg나 늘었잖아. 이번 달에 운동한 건 완전히 헛고생이었어.")
독심술	다른 사람이 무슨 생각을 하는지 다 안다고 믿기 때문에 다른 사람이 자신에게 부정적 반응을 보일 것이라고 확신하고 확인해 볼 필요조차 없다고 생각한다. (예: 모임에서 아는 사람을 만났지만 그 사람이 아는 척을 하지 않는다면 '나를 무시하기 때문에 나를 피하고 있는 것이 틀림없어.'라고 생각한다.)

우리의 일상에서 불안과 우울, 분노와 슬픔 등 심리적으로 불편감이 느껴졌던 상황에서 이러한 비합리적인 인지왜곡을 발견하여 객관적이고 합리적인 사고로 수정하는 방법은 다음과 같다.

자동적으로 떠오르는 사고를 합리적 반응으로 수정하는 4단계

3단계의 인지 왜곡을 확인한 후 4단계의 합리적인 사고로 수정하기 위해 다음과 같은 질문들을 해 보길 바란다.

· 이러한 생각을 뒷받침할 만한 증거는 무엇인가?
· 이 생각에 반대되는 증거는 무엇인가?
· 또 다른 설명이나 이유가 존재하는가?
· 일어날 수 있는 가장 최악의 일은 무엇인가?
· 일어날 수 있는 가장 최선의 일은 무엇인가?
· 가장 현실적인 결과는?
· 과거에는 이런 일에 어떻게 대처했는가?

왜곡된 사고는 아주 오래전부터 형성되어 나를 방어하던 인지적 수

사주명리 속 심리학

단이다. 나도 모르게 나를 잠식시키기에 알아차리기도 어렵고, 합리적인 사고로 수정하기도 쉽지만은 않다. 하지만 한 발자국 물러나 숨은그림찾기 하듯 나의 인지와 정서에 대해 관찰하고 탐색하다 보면 생각지도 못한 오류들이 찾아진다. 한번 찾은 숨은 그림은 잊어버리려고 해도 제일 먼저 눈에 띄듯이, 발견된 오류들은 언제고 알아차리기가 쉬워진다. 알아차릴 때마다 합리적 사고를 위한 질문들을 던져 부정적 사고의 덫에 빠지지 않길 바란다.

채워지지 않는 공허감: 내현적 자기애

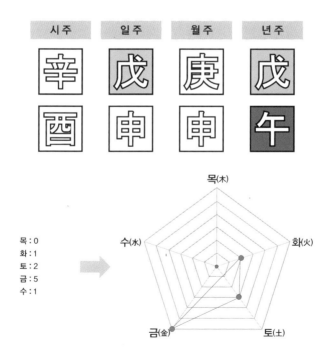

위 사주의 오행 구성을 보면 금(金)의 영향력이 매우 강하다. 토생금(土生金)으로 금의 에너지가 매우 강하게 자리 잡고 있으며, 지지의 화(火)가 극(剋)하기에는 역부족으로 오히려 불이 꺼질듯한 모습이다. 일간을 둘러쌀 정도의 태과한 금의 무게는 명주가 감당하기엔 버거워 보인다. 금오행은 토에서 거둬들인 양(陽)의 기운을 냉정하고 과단성 있게 전환하여 본격적으로 음(陰) 운동을 한다. 수렴하고 수축하는 운동성을 가지며, 결정체의 모습인 만큼 타인과 섞이는 것을 꺼려하고 자신의 가치를 드러내고 싶어 한다. 기본적으로 냉정하고 정의로운 성향이지만 태과할 경우 명예욕과 탐욕이 지나치게 높아져 타인에게 난폭한 성향을 나타내기도 한다. 이는 심리적으로 자신의 우월성과 관련된다. 심리적 에너지가 자기 자신에게 집중되어 거대한 자아상을 형성하고 타인에게 영향력을 미치는 자기애적 경향성이 높게 나타날 수 있다. 신체적으로는 폐와 대장이 관련되므로 이 장부가 관할하는 뇌염, 마비, 폐질환, 맹장염, 폐암, 심장병, 골절, 호흡기질환, 치질, 직장 탈출증, 신경통, 치통 등을 주의해야 한다.[29]

위 사주의 명주인 40대 중반의 수정 씨는 만성적인 우울과 대인 관계 문제로 상담실을 찾았다. 사춘기를 겪고 있는 아이들과의 의사소통은 거의 단절된 상태이고, 남편의 모든 말과 행동은 자기를 무시하는 것 같아 참을 수가 없었다. 직접적인 다툼이 있는 날이면 일부러 남편의 전화를 차단시켜 놓고 의도적으로 피했다. 자신이 얼마나 중요한 존재인지 알려주려는 것처럼 과장된 행동을 보이며 필요하다면 거짓말

---

29. 윤진. 2021. 〈명리이론과 질병의 상관관계 연구 : 사례분석을 중심으로〉. 경기대학교 행정사회복지대학원 석사학위논문. p30.

도 스스럼없이 했다. 최근 가까워진 동네의 지인과는 둘도 없이 친하게 지냈지만 며칠 전 사소한 오해가 있어 연락이 뜸해지자 수정 씨 마음엔 배신감만 남아 있었다. 혼자 있는 시간이면 어린 시절 부모에 대한 원망과 과거에 대한 후회 때문에 마음이 괴로워 교회 모임에 참석하거나 부업으로 할 수 있는 일들을 찾아보곤 했는데, 남편의 무시를 더는 참을 수 없어 이혼을 생각하며 본격적으로 구직활동을 하고 있었다. 몇 년 전에 아이들이 크면서 학원비라도 벌어보기 위해 화장품 판매와 다단계 영업을 해 보았지만 같이 일하는 사람들과 문제가 생겨 지속하기 어려웠고, 사업 성과로 평가되는 환경에 늘 위축되어 긴장감과 불편감이 매우 높았다. 그때 생각을 하니 경제적으로 무능력하고 자신이 잘할 수 있는 일이 없는 것 같아 좌절감과 무능력함에 우울감도 깊이 자리 잡고 있었다.

모든 면에서 자신이 중심이 되고자 하는 '자기 중심성'은 누구나 가지고 있는 성격 특성이다. 하지만 지나치게 되면 자기애(narcissism)에 오류가 생겨 성격장애로 발전하기도 한다. 건강한 사람은 적절한 수준에서 자신과 타인을 사랑하고 균형 있게 조화를 이루며 살아가지만, 자신에게만 집착하게 되면 과대한 자기상을 형성하고, 극단적인 자기 중심성을 가진다. '자기애'에 대한 여러 연구들에서는 발현되는 방식에 따라 '외현적 자기애'와 '내현적 자기애'로 구분한다. 외현적 자기애는 거대한 자기상, 타인에 대한 무관심, 자신만만하고 외향적이며 착취적인 대인 관계 패턴을 가진다. 반면, 내현적 자기애는 수줍고 겸손한 모습을 보이나, 그 내면에는 외현적 자기애와 마찬가지로 거대하고 이상적인 자기상을 가지고 있다. 특히 부적응적으로 발달한 내현적 자기애는 타인의 평가와 반응에 과도하게 신경 쓰고 수치심이나 굴욕감을 쉽게 느끼는 특성을 가지며, 주관적 불편감을 더 많이 경험한다.[30] 수정 씨의 경우 만성적인 우울감과 대인 관계에서 오는 불안이나 적대감, 분노를 억제하는 원인이 거대 자기와 이상화 경향이라는 근원적인 자기애의 문제가 있을 수 있음을 고려해 보아야 한다. 타인의 반응에 매우 민감하게 대처하는 기저엔 자신에 대한 이상적 가치를 인정받고 싶은 욕구가 크게 작용하고 있었다. 내현적 자기애는 겉으로 드러나지는 않지만, 내면의 깊은 곳에 자기애적인 역동과 기제를 지니고 있다. 자기상이 상처 입는 것을 두려워하기 때문에 타인의 반응에 매우 예민하고, 심리적 갈등이나 충동을 마음속에 담아두고 부정적 감정을 경험하는 것을 회피함으로써 자기를 보호하려고 한다. 또한 이후의 결과를 고려하지 않고 무의식적인 욕구나 소망을 즉각적인 행동으로 표출하여 부적절하게 처리하는 경향이 높다.[31] 성인이 되어서도 발현되는 자기애 결핍의 증상들은 생애 초기 유아기 발달 과정에서 대상으로부터 충분히 공감받지 못한 것에 근본적인 원인이 있다고 본다. 인간은 생애 초기 성장 과정에서 '전능하고 웅대한 자기상'을 가진다. 유아기에 대상과의 상호 작용에서 이러한 전능성과 웅대성을 충분히 인정받지 못한 채 성장한다면, 성인기에 들어서도 이런 과도한 자기상이 만족스럽게 채워질 때까지 지속적으로 타인의 반응과 선망에 대해 확인하게 된다.[32] 이러

30. 윤동군, 서미아. 2021. 〈대학생의 내현적 자기애와 공감능력의 관계에서 자기 자비로 조절된 우울의 매개효과〉. 《상담학연구》, 22(3), p22.

31. 최혜정, 장문선. 2010. 〈외현적, 내현적 자기애 성향집단의 MMPI-2 프로파일 유형과 자아방어기제 특징〉. 《상담학연구》, 11(2), p539~554.

32. 황보경옥. 2020. 〈대학생의 부모와의 관계가 내현적 자기애와 공감 및 대인 관계에 미치는 영향〉.

한 이유로 '자기 심리학'의 하인츠 코헛(Heinz Kohut)[33]은 자기애성 치료에서 '공감'을 가장 중요하게 보았다. 코헛의 공감은 현재의 증상들을 공감해 주는 것이 아닌 내면 깊은 곳에 감춰진 상처받은 아이의 마음을 공감해 주는 것을 의미한다.[34] 공감받지 못한 '자기'는 타인과의 관계에서도 공감 반응의 결핍을 가진다. 공감의 결핍은 내현적 자기애 성향이 강한 사람이 가지는 타인과의 위축된 관계와 경험회피의 악순환을 설명해 준다.

공감은 타인의 정서적 상태나 역할을 이해하고 자신의 것처럼 경험해 보는 것이다. 공감으로 이어진 마음은 상대방의 반응을 지각하여 친사회적 행동을 유도하고, 공격성과 자기 중심성을 조절하는 역할을 한다. 따라서 공감 능력은 우호적 태도와 연대감을 이끌어내며, 원만한 대인 관계를 형성하는 데 있어 핵심적인 요소로 작용한다. 공감은 경험을 통해 발전해 나간다. 상대방의 입장에서 그가 한 말이나 감정을 생각해 보면 상대방을 더 잘 이해할 수 있게 된다. 이렇게 이해된 것을 공감하여 표현해 주면 말로 상처를 주는 일이 생기지 않고 상대방과의 관계는 더 좋아질 것이다. 다음은 기본적인 공감 표현 방법이다. 공감적 표현은 배우고 연습함으로써 더 나아질 수 있다.[35] 더 나아가 타인과의 관계에서 뿐만 아니라 어린 시절 상처받은 내면 깊은 곳의 '웅대한

대구대학교대학원 박사학위논문. p7.

33. 하인츠 코헛(Heinz Kohut, 1913.5.3~1981.10.8) 오스트리아 출신의 미국 정신분석학자로서 자기 심리학(self psychology)을 창시하였다.

34. 김성찬. 2020. 〈하인즈 코헛의 '자기'와 '자기 대상' 연구〉. 협성대학교 신학대학원 석사학위논문. p62.

35. 김미옥. 2011. 〈공감훈련프로그램이 정신분열병 환자의 공감능력, 자아존중감 및 대인 관계에 미치는 효과〉. 청주대학교대학원 석사학위논문. p103.

자기'에게도 이렇게 공감적 태도로 수용해 나갈 수 있다면 점차적으로 건강하고 자신감 있는 자기상을 찾아가게 될 것이다.

공감적 의사소통을 위한 공감 반응 3가지		
내용 이해	"~하다는 말이지?"	상대방이 말한 내용을 오해하지 않고 올바르게 이해하는 것
감정 이해	"~하게 느끼겠구나."	상대방의 감정과 느낌을 파악하여 이해하는 것
의미 이해	"~해서 ~하게 느끼겠구나!"	상대방이 말한 내용과 감정을 파악하여 의미를 이해하는 것

예 : "다음 주에 연차를 내고 가족과 함께 강원도로 여행을 가기로 했는데 회사에 갑자기 일이 생겨서 취소되었어."
1) 내용 이해 : "다음 주에 가족들과 강원도로 여행 가기로 했는데 회사일로 갑자기 취소됐다는 말이지?"
2) 감정 이해 : "여행이 취소돼서 속상하겠구나!"
3) 의미 이해 : "다음 주에 가족들과 강원도로 여행가기로 했는데 회사일로 갑자기 취소돼서 속상하겠구나!

사주명리 속 심리학

PART 3

한난조습
寒暖燥濕

불안한 심리

한난조습이란?

●

　　인간은 살아가는 데 있어 계절과 기후변화의 영향을 많이 받는다. 추운 겨울에는 따뜻하게 온도를 높여줄 난방과 건조함을 달래주는 가습기가 필요하고, 더운 여름에는 시원하게 열기를 식혀줄 냉방과 눅눅함을 잡아줄 제습기가 필요하다. 적절한 온도와 습도는 쾌적한 환경의 기본적인 조건이며 삶의 질적인 면, 건강과도 직결되는 요인이다. 사주팔자의 지지는 명주가 살아가는 봄, 여름, 가을, 겨울의 계절과 기후의 상태를 알려준다. 추운 계절에 태어난 명주는 따뜻한 木, 火의 기운이 필요하고, 더운 계절에 태어난 명주는 차가운 金, 水의 기운이 필요할 것이다. '조후'는 이렇게 사주팔자의 계절과 기후를 조절하여 사주의 균형과 조화를 이루도록 하는 사주명리 이론 중에 하나다. 사주명리에서 기후는 '한난조습'으로 표현한다. 월지를 중심으로 주변의 글자를 살펴 내 사주의 한난조습을 살펴보도록 하자.

　　한난조습의 한(寒)은 차가운 기운을 말하며 [戌술토, 亥해수, 子자수, 丑축토, 寅인목]에 해당한다. 이 계절에는 오행 金, 水의 기운이 강한 시기다. 金, 水 오행에서 金이 水를 생하는 구조가 되면 차가움이 더욱 강해진다. 오행 火의 기운이 필요하다. 차가움은 음의 기운으로 수렴하고 응축하려는 성향을 가진다. 드러나는 것보단 감추고, 체면보단 실속을 중요시하고, 느리더라도 내실을 다져나간다. 외향적이기보단 내면적이고 정신적인 활동을 추구한다.

난(暖)은 덥고 따뜻한 기운을 말하며 [辰진토, 巳사화, 午오화, 未미토, 申신금]에 해당한다. 이 계절에는 오행 木, 火의 기운이 강한 시기다. 木이 火를 생하는 구조가 되면 더욱 뜨거워진다. 오행 水의 기운이 필요하다. 따뜻함은 양의 기운으로 확산하고 상승하려는 성향을 가진다. 실속보단 체면을 중요시하고, 외향적이고 드러나는 활동을 추구한다.

조(燥)는 건조한 기운을 말하며 [未미토, 申신금, 酉유금, 戌술토, 亥해수]에 해당한다. 이 계절에는 오행 金의 기운이 강한 시기다. 土가 金을 생하는 구조가 되면 金이 더 강하게 된다. 金이 강할 때는 오행 火, 水의 기운이 필요하다. 건조하면 잘 섞이지 않는 고유한 결정체의 모습을 가진다. 분리하고 나누는 성향을 가지며, 신념을 가지고 움직인다. 고지식하고 변화를 싫어한다.

습(濕)은 습함을 의미하며 [丑축토, 寅인목, 卯묘목, 辰진토, 巳사화]에 해당한다. 이 계절에는 오행 木의 기운이 강한 시기다. 水가 木을 생하는 구조가 되면 더욱 습하게 되므로, 이때에는 오행 火의 기운이 필요하다.[36] 수(水)의 기운을 품고 있는 습함은 어디에나 잘 어울리고 섞이는 특징이 있다. 친화력과 융통성이 돋보이고, 변화에 수용적이다.

사주원국 내의 조후보다 대운에서 오는 계절과의 조후가 중요하다. 원국의 사주는 차갑더라도 운에서 따뜻한 오행을 만나면 큰 치우침 없

---

36. 김은수. 2019.〈滴天髓, 子平眞詮, 窮通寶鑑 調候 比較 研究〉. 공주대학교대학원 석사학위 논문. p45.

이 조화롭게 작용될 수 있지만, 차가운 사주에 차가운 기운을 살리는 오행을 만나면 더욱더 편중된 기후를 조성하게 된다. 계절의 편중성과 순조롭지 않은 기후는 우리 삶에 척박한 환경을 만들어 물리적, 심리적 어려움을 가중시키는 중요한 원인이 되기도 한다.

사주명리 속 심리학

12지지와 계절로 알아보는 몸과 마음의 특징

•

12지지

천간은 오행 운동으로 명주의 정신적인 지향성과 가치를 나타내고, 지지는 봄, 여름, 가을, 겨울의 계절 운동으로 명주가 살아가는 환경을 나타낸다. 특히 월지 자리의 글자는 가장 큰 영향력을 가지기 때문에 월지를 중심으로 주변의 글자를 살펴 내 사주의 주된 계절과 특징을 살펴보면 좋을 것이다. 지지는 계절을 나타내는 목(봄), 화(여름), 금(가을), 수(겨울)에 음양을 나누고 토는 각 계절이 순조롭게 바뀌도록 환절기 역할을 하며, (子자, 丑축, 寅인, 卯묘, 辰진, 巳사, 午오, 未미, 申신, 酉유, 戌술, 亥해) 12글자로 이루어져 있다. 지지의 각 글자들은 두세 개의 천간의 글자를 내포하고 있는데, 이를 '지장간'이라고 한다. 이런 지장간의 특징들로 지지는 복합적인 작용을 하며, 계절의 운동성을 가진다. 땅의 글자이기 때문에 각 글자에는 우리가 살아가는 시간, 공간, 물상적 모습들이 함축되어 있다.

子 자수	
동물	쥐 : 다산, 저축, 저장
시기	음력 11월
시간	23시 30분 ~ 1시 30분
방향	정북
신체	신장, 혈맥, 방광, 비뇨기, 음부, 발
물상	우물, 연못, 지하수, 씨앗, 생명, 밤, 어둠, 겨울, 얼음, 비
글자 속성	음양 : 5음 1양 천간 : 계수(癸) 지장간 : 임수(壬), 계수(癸)
성격 특성	민첩하고 눈치가 빠르며 상황판단 능력이 뛰어나다. 상냥하고 사교적이어서 여러 사람들과 쉽게 어울리지만 자신의 속마음을 잘 드러내지 않는다. 좋아하는 사람들에게는 아낌없이 잘해 주지만 쉽게 흥분하여 직설적으로 말하는 경향이 있고 정확한 것을 좋아하며 비판적이다. 감각적이고 감수성이 풍부하며 예민한 기질이 있어 초조함과 불안이 높은 편이다.

丑 축토	
동물	소 : 헌신, 되새김, 반복
시기	음력 12월
시간	1시 30분 ~ 3시 30분
방향	북동간방
신체	비장, 복부, 좌측 발
물상	얼어 있는 땅, 습지, 논밭, 산, 묘지, 콘크리트, 골재, 창고
글자 속성	음양 : 4음 2양 천간 : 기토(己) 지장간 : 계수(癸), 신금(辛), 기토(己)
성격 특성	성실하고 온순하며 부지런하다. 우직하고 강직하며 끈기가 있으나 고집이 매우 강해 자신의 잘못을 잘 인정하지 않는다. 속내를 잘 드러내지 않고 순해 보이지만 매우 단호하고 논리적이다. 인내심과 희생정신이 강하여 믿음직하고 전통을 중요하게 생각한다. 사람을 잘 믿고 의지하는 성향이지만, 화가 나면 폭발적인 성냄과 울분이 있다. 안정된 환경을 추구하는 만큼 새로운 일에 대한 도전이나 기회가 적은 편이다.

寅 인목	
동물	호랑이 : 힘, 용맹, 투쟁
시기	음력 1월
시간	3시 30분 ~ 5시 30분
방향	동북간방
신체	담, 머리, 모발, 동맥, 양손, 좌측 다리
물상	농장, 목재, 통나무, 고층 건물, 섬유, 문구, 자동차
글자 속성	음양 : 3음 3양 천간 : 갑목(甲) 지장간 : 무토(戊), 병화(丙), 갑목(甲)
성격 특성	진취적이고 활동적이며 강한 추진력으로 새로운 일에 대한 부담을 갖지 않으며 환경변화에 적응을 잘한다. 격식과 체면을 중시하며 강압적이고 독단적으로 일을 처리하는 경향이 있다. 성급하고 반항적이면서도 천진난만한 개성 있는 성격이다. 정열적이고 자신이 주목받는 것을 좋아하며 화려하다. 감성적이고 사색적인 면도 있지만 외골수에 괴팍한 면모도 갖추고 있어 감정 변화가 큰 편이다.

卯 묘목	
동물	토끼 : 이동, 꾸미기, 생동감
시기	음력 2월
시간	5시 30분 ~ 7시 30분
방향	정동쪽
신체	간, 목, 열 손가락, 좌측 옆구리
물상	초목, 화초, 야채, 파일, 약초, 문서, 문필, 인장, 목각, 화장품, 모발
글자 속성	음양 : 2음 4양 천간 : 을목(乙) 지장간 : 갑목(甲), 을목(乙)
성격 특성	현실적이고 침착하며 끈질긴 생명력과 생활력을 가지고 있다. 총명하고 논리적이며 예술적 감각도 뛰어나다. 확실하고 실질적인 결과를 중요하게 생각한다. 내성적이지만 강인한 면이 있어 자존심 상하는 것을 매우 싫어하고 은근한 자기 고집이 있다. 어떤 일이건 시작을 잘하고 환경에 잘 적응하지만, 의심이 많아 목적을 순간적으로 변경하기도 한다. 결과적으로 시작한 일에 마무리가 약하고 변덕스럽다.

辰 진토	
동물	용 : 현실과 이상의 공존, 희망, 성취, 변화
시기	음력 3월
시간	7시 30분 ~ 9시 30분
방향	동남간방
신체	위장, 옆구리, 피부, 가슴, 좌측 상반신
물상	진흙, 습토, 웅덩이, 댐, 피부, 나무껍질, 짙은 안개, 지하실, 위조품
글자 속성	음양 : 1음 5양 천간 : 무토(戊) 지장간 : 을목(乙), 계수(癸), 무토(戊)
성격 특성	진취적이고 활동적인 성향으로 목표지향적이고 실천력이 뛰어나다. 꿈과 야망이 커서 목표를 높게 가지기 때문에 크게 좌절하고 실패하게 되면 크게 좌절한다. 화려함을 추구하고 상상력이 풍부하며 종교와 철학에 관심이 많다. 잠재 능력 또한 많지만 비현실적인 꿈과 이상을 추구하여 엉뚱한 사고를 치기도 한다. 권위적이고 독선적인 면이 있어 지나친 자존심으로 일을 그르치기도 하고 속마음을 잘 드러내지 않으며 변덕이 심한 편이다.

巳 사화	
동물	뱀 : 치밀함, 냉정함, 권력
시기	음력 4월
시간	9시 30분 ~ 11시 30분
방향	남동간방
신체	소장, 얼굴, 인후, 치아, 항문, 좌측 어깨
물상	태양, 광선, 도로, 역전, 시장, 교차로, 화염, 가스, 전기, 통신
글자 속성	음양 : 6양 천간 : 병화(丙) 지장간 : 무토(戊), 경금(庚), 병화(丙)
성격 특성	총명하고 예리하여 냉정하고 치밀하게 일을 처리한다. 논리적이고 언변이 좋으며 예의를 중시한다. 자신을 잘 표현하며 적극적이고 왕성하게 활동하지만, 권위적이고 자기중심적이라 타인의 간섭을 매우 싫어한다. 공사구별이 분명하고 개인주의적이다. 사색을 즐기고 지적이며 비밀이 많아 신비주의로 보이기도 한다. 감정억제가 서투르고 변화와 기복이 심하게 나타나는 편이다.

午 오화	
동물	말 : 활동성, 경계심, 열정
시기	음력 5월
시간	11시 30분 ~ 13시 30분
방향	정남쪽
신체	심장, 머리, 눈
물상	촛불, 등촉, 난로, 가로등, 통신, 등댓불, 전기, 전파, 엔진, 화약
글자 속성	음양 : 1음 5양 천간 : 정화(丁) 지장간 : 병화(丙), 기토(己), 정화(丁)
성격 특성	열정적이고 개방적이며 사교적인 성향으로 정보습득이 뛰어나다. 독립심이 강하여 타인의 간섭을 받기 싫어하며 매사 속도가 빠르고 급하다. 왕성한 활동성, 순발력과 창의력이 강점이며 낙천적이고 긍정적이다. 희생, 봉사정신이 있으며 예의가 바르다. 심리적인 변화도 빠르게 일어나 일관성 없는 행동을 하기도 하며, 개성이 강한 만큼 자신의 생각과 주장을 쉽게 꺾지 않는다.

未 미토	
동물	양 : 고집, 다혈질, 끈기
시기	음력 6월
시간	13시 30분 ~ 15시 30분
방향	남서간방
신체	비장, 위, 복부, 횡격막, 척추, 우측 어깨
물상	건조한 토양, 토지, 도로, 사막, 담벼락, 토석, 요리, 발효식품
글자 속성	음양 : 2음 4양 천간 : 기토(己) 지장간 : 정화(丁), 을목(乙), 기토(己)
성격 특성	자존심이 매우 강하고 고집이 세며 독선적이지만 정에 약하다. 타인의 간섭을 싫어하고 좁은 소견으로 타인과 의견 조율이 안될 때가 많다. 감성적이고 예민하여 감정을 쉽게 드러내지 않지만 종종 폭발적으로 다혈질적인 모습을 보이기도 하므로 감정조절과 표현에 늘 주의하여야 한다. 끈기와 인내심이 강해 결정한 일에 몰입하면 무서운 집중력으로 추진하며 빈틈이 없다.

申 신금	
동물	원숭이 : 식탐, 재주, 모방력
시기	음력 7월
시간	15시 30분 ~ 17시 30분
방향	서남간방
신체	대장, 폐, 배꼽 부위, 우측 상반신
물상	철강, 고철, 기계, 열차, 자동차, 비행기, 금전, 금융,
글자 속성	음양 : 3음 3양 천간 : 경금(庚) 지장간 : 무토(戊), 임수(壬), 경금(庚)
성격 특성	다재다능하며 유머와 재치가 있고 이해 속도가 빨라 학습능력이 뛰어나다. 실제적인 결과를 중시하는 결과지향형으로 이재에 밝고 임기응변과 순발력이 뛰어나다. 자기중심적이고 경쟁심과 질투도 많지만 책임감과 의리가 있으며 인정이 많다. 무계획적이고 경솔한 경향이 있어 변덕이 심한 편이다. 다소 산만하고 나서길 좋아한다.

酉 유금	
동물	닭 : 결실, 순수, 핵심, 예리함
시기	음력 8월
시간	17시 30분 ~ 19시 30분
방향	정서쪽
신체	폐, 소장, 정혈, 우측 옆구리, 넓적다리
물상	보석, 귀금속, 금융, 유산균, 철재, 유리, 가전제품, 공구, 비석
글자 속성	음양 : 4음 2양 천간 : 신금(辛) 지장간 : 경금(庚), 신금(辛)
성격 특성	직감이 뛰어나고 섬세하여 모든 일을 완벽하게 처리하고자 한다. 신념과 의지가 강하고 결실과 안정을 추구하는 보수적인 성향이다. 강한 자기주장과 고집은 까칠함과 괴팍한 성향으로 드러날 수 있어 타인과의 관계에 있어 주의가 필요하다. 호불호가 강하지만 마음을 터놓은 사람에게는 한없이 잘해 주며 진실하다. 매우 논리적이고 날카롭게 핵심을 파악하며 정확한 계산과 체계적인 판단력, 결단력이 있다.

戌 술토	
동물	개 : 영특함, 충직, 성실
시기	음력 9월
시간	19시 30분 ~ 21시 30분
방향	서북간방
신체	위장, 옆구리, 발, 복사뼈, 우측 다리
물상	건조한 토양, 흙, 제방, 높은 산, 운동장, 창고, 묘지
글자 속성	음양 : 5음 1양 천간 : 무토(戊) 지장간 : 신금(辛), 정화(丁), 무토(戊)
성격 특성	영리하고 성실하며 충직하다. 정직하고 책임감이 강하여 대의명분이 뚜렷한 일에 더 헌신적이다. 자신의 영역을 지키고 보호하는 것에 민감하며, 현실적으로 이익이 되는 일에 적극적이다. 논리적인 언변이 뛰어나고 임기응변에 강하다. 항상 바른말을 잘하며 자기주장이 강해서 타인과 마찰이 생기기도 하지만 솔직한 성격으로 뒤끝이 없다.

亥 해수	
동물	돼지 : 길몽, 재물, 복
시기	음력 10월
시간	21시 30분 ~ 23시 30분
방향	북서간방
신체	방광, 삼초, 정강이, 머리, 신장, 우측 발
물상	대양수, 호수, 큰물, 은하수, 항로, 무역, 선박, 어둠, 밤
글자 속성	음양 : 6음 천간 : 임수(壬) 지장간 : 무토(戊), 갑목(甲), 임수(壬)
성격 특성	온순하며 베풀기를 좋아한다. 새로운 것을 추구하는 성향이 강해 일의 시작은 잘하지만 인내력과 지구력이 약해 쉽게 포기도 잘하며 마무리가 약하다. 독립심이 강하고 욕심이 많아 자기 만족감이 큰 일에는 성취가 크다. 유순하고 소심한 면도 있지만 지는 것을 싫어하고 욱하는 성격도 있어 쓸데없는 고집을 내세울 때가 있다.

계절

지지의 각 글자들은 계절의 음양에 따라 고유한 특성들을 가지지만 글자끼리 모여 더 크게 봄, 여름, 가을, 겨울의 계절적 작용을 한다. 명리에서는 이렇게 모여서 합하여 작용력을 증가시키는 구성을 '국(局)을 이룬다'라고 하며, 국을 이루는 합에는 '방합'과 '삼합', '육합'이 있다. 지지는 천간과 달리 계절이 순환되는 의미를 갖는다.

1. 방합

지지의 시간적 오행[계절]과 공간적 오행[방위]의 결합을 방합이라 하며, [寅인卯묘辰진], [巳사午오未미], [申신酉유戌술], [亥해子자丑축]이다.[37] 지지에서 [寅인卯묘辰진]은 木에 속하고 동방에 배속되며 계절은 봄이다. [巳사午오未미]는 火에 속하고 남방에 배속되며 계절

은 여름이다. [申신酉유戌술]은 金에 속하고 서방에 배속되며 계절은 가을이다. [亥해子자丑축]은 水에 속하고 북방에 배속되며 계절은 겨울이다.

2. 삼합

삼합은 12지지 중 3개의 지지가 서로 합하여 국을 이루어 하나의 오행으로 작용하는 것으로, 계절과 방위의 합인 방합과는 의미와 작용이 다르다. 지지는 각 글자의 독자적인 고유성이 있지만, 합을 이루면 각 지지의 개성은 합하는 기운에 귀속된다. 삼합은 각각의 글자가 하나의 오행적 목적을 가지고 모이는 합으로, 사회에서의 공동생활을 위한 단체나 연합적 결합과 유사하다.[38] [亥해卯묘未미]가 합하여 목국(木局)

37. 김만태. 2012. 〈지지 (地支)의 상호 변화작용 관계로서 지지합(地支合) 연구〉. 《철학논집》. 31. p208.

을 이루고, [寅인午오戌술]이 합하여 화국(火局)을 이루고, [巳사酉유丑축]이 합하여 금국(金局)을 이루고, [申신子자辰진]이 합하여 수국(水局)을 이룬다. 삼합은 국을 이루는 세 글자 중 두 글자만 있더라도 합을 취하는 것으로 본다. [亥해卯묘未미]의 경우 亥해卯묘, 卯묘未미를 모두 목국의 합으로 취할 수 있고, [寅인午오戌술]의 경우 寅인午오, 午오戌술을 모두 화국의 합으로 취할 수 있고, [巳사酉유丑축]의 경우 巳사酉유, 酉유丑축을 모두 금국의 합으로 취할 수 있고, [申신子자辰진]의 경우 申신子자, 子자辰진을 모두 수국의 합으로 취할 수 있다.[39]

3. 육합

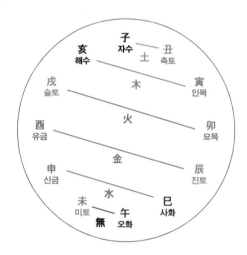

---

38. 김만태. 2012. 〈지지 (地支)의 상호 변화작용 관계로서 지지합(地支合) 연구〉.《철학논집》. 31. p232.

39. 이재승. 2021. 〈명리학에서 합충(合冲)에 의한 지지(地支)의 합력(合力) 차 연구〉.《인문사회》21. 12(6), p2804.

육합은 12지지를 방위에 따라 놓았을 때, 비슷한 위도에 놓인 글자의 합이다. 子자丑축 합 土(토), 寅인亥해 합 木(목), 卯묘戌술 합 火(화), 辰진酉유 합 金(금), 巳사申신 합 水(수), 午오未미 합 無(무) 등 6개로 이루어져 있어 육합이라 한다. 육합은 위도상 반대쪽에 위치해 있는 두 글자가 만나 다른 오행으로 변하기 때문에 방합, 삼합과 같이 국을 이루는 합보다 작용력을 적게 보는 것이 일반적이며, 사주원국의 주도적인 오행이 무엇인지에 따라 육합의 변화를 판단하기도 한다.[40]

---

40. 김만태. 2012. 〈지지 (地支)의 상호 변화작용 관계로서 지지합(地支合) 연구〉.《철학논집》, 31. p211.

지지의 계절 작용이 조화롭지 못할 때의 사례

●

다음은 지지의 계절 작용이 조화롭지 못할 때 관찰되는 사례들이다. 사주팔자의 지지는 명주가 살아가는 봄, 여름, 가을, 겨울의 계절과 기후의 상태를 알려주는데, 이들 계절 간의 작용이 삶의 여러 모습들을 만들며 신체적, 심리적인 건강에도 직접적인 영향을 미친다. 운의 작용으로 더 발현되기도 하고 감소하기도 하지만, 독자들의 이해를 돕기 위해 원국의 계절적 환경을 중심으로 살펴보고자 한다.

불안은 나의 생존 양식일 뿐: 불안과 공황

사주원국

시주	일주	월주	년주
辛	戊	己	丁
酉	寅	酉	巳

사주명리 속 심리학

　위 사주의 지지 구성을 보면 월지를 중심으로 巳사酉유 금국의 합
으로 금(金)의 영향력이 매우 강하다. 금이 왕성한 계절을 이루고 있어
일지의 寅(인목)이 양쪽 酉(유금)의 기운을 감당하기 버거워 보인다. 오행
의 상극관계인 금과 목은 서로가 있어야 쓰임이 생기기도 하지만, 금
극목 운동이 이루어지기 때문에 목의 입장에서는 두껍고 날카로운 도
끼의 칼날을 감당해야 한다. 현재 명주의 대운은 甲寅(갑인)으로 목의 봄
기운이 왕성한 계절에 있다. 이전보다 금의 강한 에너지를 감당할 힘은
생겼지만, 명주의 금과 관련된 본질적인 성정과 행동 양식에는 제한이
생기는 환경이다. 만물이 소생하는 봄의 확산적인 기운이 주어졌는데
금은 기존의 열매를 맺으려는 수축적 운동성을 가지기 때문에 상충적
일 수밖에 없다. 봄과 가을의 상극운동은 신체적으로 간과 담에 관련된
질병에 위험한 요소로 작용하며, 심리적으로는 두려움, 불안과 관련한
문제들이 발생할 가능성이 크다. 지지의 건조한 환경 역시 심리적인 유
연성을 감소시킬 수 있어 주의가 필요하다.

위 사주의 명주인 40대 중반의 혜미 씨는 최근 심해진 불안으로 과호흡을 경험한 후 공황장애가 아닌지 걱정이 가득한 얼굴로 상담실을 찾았다. 혜미 씨는 선천적으로 체력이 약해 어릴 때부터 많이 아팠다고 한다. 대학 졸업 후 사회생활을 하면서 밤낮이 바뀐 업무 때문에 병이 생기기도 했었고, 현재도 주기적인 건강검진과 고혈압, 위장약을 매일 복용하고 있는 상태였다. 아직 어린아이들을 챙기며 맞벌이를 하고 있었고, 친정과 시댁에 크고 작은 일들이 생길 때면 언제나 혜미 씨가 나서서 해결해야 했다. 영업직으로 근무하는 일의 특성상 출퇴근 시간은 자유롭지만 고객관리와 매달 영업 실적에 압박감과 부담감이 항상 따랐다. 무언가에 쫓기듯 하루하루 살아가는 일상이 혜미 씨에겐 이제 당연하게 여겨졌고, 남들도 다 이렇게 힘들게 사는 거라고 스스로를 위안했다. 하지만 최근 심장이 두근두근하면서 불안감이 갑자기 밀려들 때면 일상이 고통스럽게 느껴졌고, 주체할 수 없을 만큼 가슴이 답답해지면서 숨이 안 쉬어져 '이런 게 공황인가'하는 생각이 들었다. 어디선가 공황이 올 때 호흡을 해야 한다고 본 것 같아 재킷을 벗고 숨을 길게 내쉬며 진정했지만, 다시는 생각하고 싶지 않은 경험이었다.

불안은 누구나 일상 속에서 느끼는 불쾌하지만 꼭 필요한 감정이다. 인간은 위험한 상황에서 긴장과 경계를 통해 자신을 안전하게 보호해야 한다. 불안은 위협적인 상황에서 위험으로부터 자신을 보호하기 위한 경보와 같은 역할을 하며, 적응적인 정서적 반응이다. 하지만 현실적으로 위험이 없는 상황에서도 불안을 느끼거나 현실적인 위험의 정도에 비해 과도한 불안을 느낀다면 이는 부적응적이라고 할 수 있다. 이렇게 불안반응이 부적응적인 양상으로 작동될 때 병적인 불안으로 분류하며, 심리적 고통감이 매우 높고 현실적인 적응이 어려울 때는 불안장애로 진단된다. 불안장애는 불안의 양상이나 상황에 따라 여러 유형으로 나뉘는데, 현재 DSM-5에서는 범불안장애, 특정공포증, 광장공포증, 사회불안장애, 공황장애, 분리불안장애, 선택적 무언증으로 구분하고 있다.[41] 최근에는 혜미 씨와 같이 신체적, 심리적 스트레스를 원인으로 공황장애를 호소하는 사례들이 늘고 있는 추세이며, '공황'에 대한 관심과 이해가 이전보다 높아진 것이 사실이다. 먼저 '공황'에 대해 공황발작(panic attack)과 공황장애(Panic Disorder)를 구분할 필요가 있다. 다음은 DSM-5에 명시되어 있는 공황발작의 진단 기준이다. 아래와 같은 13가지 증상 중 4가지 이상의 증상이 수분 이내에 매우 심한 공포와 고통이 갑자기 발생할 때를 말한다.

1. 심계항진, 가슴 두근거림 또는 심장 박동 수의 증가
2. 발한
3. 몸이 떨리거나 후들거림
4. 숨이 가쁘거나 답답한 느낌
5. 질식할 것 같은 느낌
6. 흉통 또는 가슴 불편감
7. 메스꺼움 또는 복부 불편감
8. 어지럽거나 불안정하거나 멍한 느낌이 들거나 쓰러질 것 같음
9. 춥거나 화끈거리는 느낌
10. 감각 이상(감각이 둔해지거나 따끔거리는 느낌)

---

41. 권석만. 2013. 《현대 이상심리학》. 학지사. p155.

11. 비현실감(현실이 아닌 것 같은 느낌) 혹은 이인증(나에게서 분리된 느낌)

12. 스스로 통제할 수 없거나 미칠 것 같은 두려움

13. 죽을 것 같은 공포

이런 공황발작이 반복적으로 예상하지 못한 상황에서 일어날 때 다른 주요 요인들을 점검하여 공황장애 진단을 내리게 된다. 공황이 오는 원인은 개인에 따라 다양하지만 공통적으로 유전적인 취약성과 신체적, 심리적인 스트레스를 들 수 있다. 명리학적으로는 목(木)과 금(金) 오행의 상충으로 손상이 생길 때 두려움과 불안, 호흡과 관련한 문제들이 발생한다. 목(木)의 손상은 간담(肝膽)의 기능을 불량하게 하고 쉽게 가슴이 두근두근하며 수족(手足)의 마비 증상을 가져오기도 하며, 금(金)의 손상은 호흡기관의 기능을 불량하게 하고 기(氣)의 흐름을 불순하게 한다.[42] 사주원국에 목과 금이 상충하고 있다면 선천적으로 불안에 대한 각성 수준이 높을 가능성이 크고, 운의 흐름에서 가중된다면 신체적, 심리적 문제들이 이런 취약성을 뚫고 올라오게 된다.

불안이 보편적인 정서반응인 만큼, 공황발작 역시 누구나 경험할 수 있다. 중요한 것은 원인을 찾는 것보다 '불안과 공황발작을 경험할 때 어떻게 대처할 것인가'이다. 공황발작이 왔을 때 잘 대처할 수 있다면 공황장애로 이어지지 않는다.[43] 공황은 가슴의 통증, 과호흡 등과 같이 신체적 반응을 동반하기 때문에 긴장된 생체반응을 조절하는 것이

42. 최원오. 2019. 〈사주명리학에 근거한 질병연구〉. 남서울대학교 복지경영대학원 석사학위논문. p52.

43. 최주연. 2011. 《굿바이 공황장애》. ㈜시그마프레스. p60.

중요하다. 우리가 의도적으로 긴장 완화를 위해 가장 쉽게 대처할 수 있는 방법은 '호흡'이다. 호흡은 우리 몸과 마음의 접점지로 우리의 모든 생각, 행동, 감정은 호흡에 영향을 미치며, 반대로 호흡은 우리의 생각, 행동, 감정에 영향을 미친다.[44] 신경계와 정서, 호흡은 모두 연결되어 있다. 호흡은 자율신경계의 작용이면서 조절이 가능한 골격근이 수행하기 때문에 접근 가능한 유일한 자율기능이며, 호흡과 정서는 양방향적으로 작용한다.

구체적으로 호흡과 자율신경계의 관련성에 대해 알아보자. 자율신경계는 교감신경과 부교감신경으로 나누어지는데, 교감신경계는 위험한 상황에서의 인체 기능을 조절하며, 부교감신경계는 안전한 상태에서의 에너지를 저장하거나 유지하는 기능을 담당한다.[45] 즉, 불안과 긴장 상태에서는 교감신경이 활성화되고, 안정되고 이완된 상태에서는 부교감신경이 활성화된다. 공황발작 시의 신체 증상은 교감신경이 활성화되어 나타나는 것으로 심박수 증가에 따른 심장 및 골격근의 혈관 확장, 혈압상승 등 전반적으로 인체 기능을 억제시키는 작용에 기인한다. 이런 자율신경계에 의도적으로 관여할 수 있는 것이 호흡이다. 안정된 호흡은 심신을 진정, 이완시키고 신경계의 조화를 회복시킨다. 다음의 호흡법을 평소에 꾸준히 익혀두어 긴장과 스트레스가 느껴질 때, 공황발작이 올 때 의도적으로 호흡에 집중해 보도록 한다. 부교감신경계를 자극하여 스트레스의 원인과 부정적인 감정들을 내보낼 수 있도록 도와줄 것이다.

---

44. 스와미 사라다난다. 2023. 《호흡의 힘》(김재민 역). 판미동. p17.
45. 이혜정. 2013. 〈하타 요가 수련이 중년여성의 자율신경계 및 뇌파에 미치는 영향〉. 계명대학교대학원 박사학위논문. p15.

〈3단계 호흡 이완법〉

1단계: 호흡 자각하기

등과 허리를 곧게 펴고 편안한 자세에서 자신의 호흡이 어떠한지 주의를 기울인다. 들어오는 숨과 나가는 숨의 흐름을 자연스럽게 따라간다.

2단계: 코를 통한 호흡

부교감신경계를 활성화시키기 위한 가장 중요한 요소다. 우리는 코와 입을 통해 숨을 쉬는데 코를 통한 호흡과 입을 통한 호흡은 각기 다른 작용을 한다. 코를 통한 호흡은 깊은 이완을 유도하여 정신적으로 안정된 상태를 가져오므로 부교감신경계를 활성화시키고, 입을 통한 호흡은 긴장과 흥분을 유도하여 정신적인 불균형 상태를 가져와 교감신경계의 작용을 활성화시킨다. 자신의 호흡이 코를 통하지 않고 있다면 천천히 코의 호흡으로 가져온다. 코를 통한 들숨과 날숨에 주의를 기울인다.

3단계: 복식호흡

코를 통한 호흡으로 길고 깊게 횡경막을 충분히 움직이게 하는 것에 주의를 기울인다. 들숨에 배가 부풀어 올라가고 날숨에 배가 가라앉는다. 고통스러운 감정을 더 잘 내보내고 싶다면, 들숨에 '그냥(let)', 날숨에 '나간다(go)'라고 마음속으로 말하며 날숨에 내 안의 생기 없고 부정적인 감정들을 모두 내보내는 상상을 더해 주면 좋다.[46] 복부의 긴장

사주명리 속 심리학

이 풀리고 가슴의 호흡 근육이 휴식하게 되면서 호흡을 통한 변화가 느껴질 것이다.

내가 아는 나, 네가 아는 나: 자기 불일치

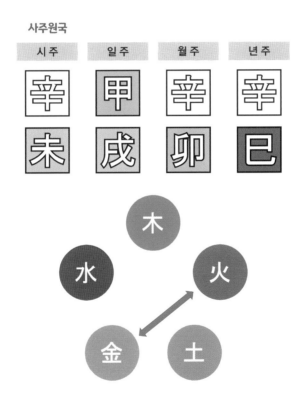

46. 스와미 사라다난다. 2023. 《호흡의 힘》(김재민 역). 판미동. p63.

위 사주의 천간을 보면 甲(갑목) 일간을 辛(신금)이 둘러싸고 있다. 진취적이고 주도적인 갑목 일간이 예리하고 냉정한 신금에 둘러싸여 제어를 받고 있는 모습이다. 천간은 명주의 정신적인 지향성을 나타낸다. 따라서 위 명주가 추구하는 지향성은 금(金)운동의 영향을 받아 사회적으로 올바르고 반듯한 결과지향적인 모습을 가진다. 반면 지지의 환경은 일지와 월지가 卯묘戌술 합 火(화)를 하고 있고, 巳(사화)와 未(미토) 역시 화 운동을 하는 여름의 글자다. 무성하게 잎이 우거지는 무더운 여름의 환경이다. 지지는 명주가 살아가는 환경을 나타내며 행동 경향성을 내포하고 있기 때문에 드러나고 확산되어야 하는 화운동은 명주의 자유로운 활동성과 표현양식을 만든다. 금운동이 지배적인 천간과 극의 관계인 지지의 여름 계절 작용은 천간과 지지의 서로 상충되는 운동성과 환경을 조성하여 자아의 기능을 떨어트린다. 천간의 금극목(金剋木) 운동은 명주에게 스트레스와 두통, 신경계통의 질병과 관련되고, 덥고 건조한 지지의 환경 역시 심리적으로 스트레스 상황에 유연하게 대처하지 못할 가능성을 높게 나타낸다. 신체적으로 화와 관련된 심장, 소장, 혈액순환계와 화가 극하는 수와 관련된 신장, 방광, 생식기관 질병에 주의할 필요가 있다.

위 사주의 명주인 20대 초반의 소영 씨는 자기가 잘할 수 있는 직업과 적성이 궁금해서 상담실을 찾았지만, 깊은 우울감과 무력감으로 건강에 대한 걱정이 매우 높았고 심리적, 신체적으로도 경직되고 긴장된 상태였다. '저는 ~이 하고 싶은데, 잘할 수 있을까요? 그게 가능할까요? 저는 ~한 것들을 해결할 수 없는데요.'라고 이야기하며, 자신의 무능감과 의기소침한 성격 때문에 심하게 우울증을 앓았던 경험과 현재는 근육이 계속 경직되는 증상이 있어 건강이 매우 안 좋은 상태라고 했다. 대학 진학 대신 꿈을 포기하고 졸업 전부터 취업을 해야 했지만, 현재는 자신이 정말 하고 싶은 공부와 일을 하기 위해 외국어를 익히며 입시를 준비 중이었다. 하지만 그 과정에서 소영 씨는 스스로 느껴지는 불안과 자격지심으로 비효율적인 학습 방법들을 취하면서 만족스럽지 못한 결과들을 가져왔고, 자기가 원하는 것들을 목표하는 만큼 해내지 못하는 자신의 모습에 점점 자신감을 잃어갔다. 내가 원하는 나와 해낼 수 없는 나를 끊임없이 비교하고 현재 자신의 모습을 평가절하하며 더 열심히 하는 수밖에 없다고 생각했다. 그럴수록 몸은 더 아파왔고 마음은 어두워졌다.

천간은 명주가 지향하는 이상적인 가치와 자신이 되고자 하는 자아의 모습을 보여 준다. 이런 천간의 맥락과 상충되는 지지의 환경은 명주에게 자기 정체성에 대한 혼란스러움을 일으킬 가능성이 매우 높다. 자신이 추구하는 자기와 자신이 삶에서 가지는 현실적 자기와의 부조화는 사회적 관계들을 배우고 경험하는 청소년기와 성인 초기의 자기 개념에 부정적인 영향을 미친다. 심리학에서는 이런 자기 개념의 부조화를 '자기 불일치'라는 개념으로 설명하고 있다.

자기 불일치는 자신이 지각하는 실제적 자기와 지향해 나가고자 하는 이상적인 자기가 일치하지 않음을 의미하며, 개인의 욕구와 현실 간의 차이에서 발생하는 것이다. 사람들은 자신의 현재 모습에 초점을 두어 이상적인 기준과의 비교를 통해 실제-이상의 차이를 줄이고자 노력한다. 현재 지각하는 실제적 자기와 이루고 싶은 모습의 이상적 자기, 의무적으로 따라야 하는 의무적 자기 등 우리를 구성하는 자기(self)가

조화를 이루지 못하고 각각의 모습으로 존재할 때 불일치가 커지며, 스트레스 상황에 직면했을 때 부정적 감정이나 생각을 곱씹거나, 자신의 탓이나 실수였다고 스스로를 비난하거나, 자기 경험의 부정적인 측면을 확대 해석함으로써 우울을 높게 경험한다.[47] 이는 자기 비난으로 이어지기도 한다. 추구하며 이루고 싶은 이상적 자기의 모습과 불일치감을 가질수록 죄책감과 수치심을 경험하며 스스로에 대한 열등감과 부적절감을 비난의 대상으로 삼는다. 또한 자기의 이런 부적절감을 감추어야 하기 때문에 방어적인 행동이 앞서고 타인과의 접촉을 회피하게 된다.[48] 결국 자기 불일치가 클수록 자기 존재에 대한 부적절감을 크게 가지며 내적으로는 자기 비난을, 외면적으로는 경직되고 회피적인 행동을 선택한다. '나는 부적절한 존재야. 사람들이 나에 대해 알면 날 비난할 거야. 날 부끄럽게 생각할 거야.'라는 생각으로 끊임없이 스스로를 비난하며 고통받는다. 자기 불일치로 인해 자기를 수치스럽게 생각하고 스스로를 비난하고 있다면 자기 가치에 대한 탐색과 인지 재구조화를 통해 자기 개념을 통합해 나가야 한다. 이러한 과정에서 무엇보다 부정적인 자기를 자비로운 마음으로 포용하고 안아줄 수 있는 마음이 중요하다.

자비(慈悲)란 고통받는 이를 사랑하고 불쌍히 여긴다는 의미로 모든 사람들이 고통에서 벗어나 행복해지기를 바라는 보편적인 마음이

---

47. 한다솜, 김동일. 2022. 〈자기 불일치가 우울에 미치는 영향: 자기몰입과 부적응적 인지적 정서조절 전략의 매개효과〉, 《상담학연구》, 23(4). p93.

48. 원강연, 김정규. 2019. 〈실제-이상 자기불일치와 수치심의 관계에서 정서인식 명확성의 조절효과〉, 《정서·행동장애연구》, 35(2). p136.

라 할 수 있으며,[49] 스스로에게 가지는 자비로운 마음을 자기 자비(self compassion)라 한다. 자기에게 자비롭다는 것은 고통이나 실패 상황에서도 자기에게 친절하고, 자신의 경험을 인간의 보편적인 조건으로 이해하며, 고통스러운 감정과 자신을 동일시하지 않는 것이다. 최근의 많은 연구들에서 '자기 자비'를 유발한 뒤에는 불안과 우울이 감소하는 것으로 나타나 스트레스 상황에서 자기 자비는 스트레스를 조절할 수 있는 중요한 요인으로 작용할 수 있음을 보고하고 있다. 다음은 자비중심치료의 자비로운 자기를 '심상화'하는 방법이다. '심상화' 작업은 단순한 상상이나 이미지를 떠올리는 것이 아닌 정신적 경험(mental experience)을 만들어 내는 것을 말한다. 이미지를 떠올리며 정신적으로 경험해 본다는 것이 처음에는 낯설고 잘 실행이 되지 않을 수 있다. 독자의 이해를 돕기 위해 간략하게 소개했으니, 자비 심상화에 대한 이해와 활용 가능성에 대해 알고 내가 가장 쉽게 해 볼 수 있는, 나에게 가장 적합한 심상화를 계발하고 연습해 보길 바란다. 심상화를 통해 자비심을 계발함으로써 자신을 너그럽게 수용하고 부정적 정서를 감소시키는 것은 개인의 삶의 의미를 확장시키고 심리적 안녕감을 증가시키는데 도움을 줄 것이다.[50]

49. 조현주. 2014. 〈자비 및 자애명상의 심리치료적 함의〉. 《인지행동치료》, 14(1). p126.
50. 김모라, 차민아, 이윤경, 김지연. 2023. 〈자비중심치료 개관연구〉. 《한국 REBT 인지행동치료》, 3(1). p68.

〈자비 심상화 훈련〉

1. 편안하게 앉아서 몸을 죄는 것들을 모두 느슨하게 푼다. 척추를 곧게 펴고 앉아서 부드럽게 입술을 다물고 손은 무릎 위에 놓고 눈을 감는다. 천천히 고르게 코로 숨을 쉬면서 느려지는 느낌에 주의를 기울인다.

2. 자기를 위한 자비

행복하고 만족감을 느꼈을 때를 생각한다. 어디에 있었고 누구와 함께 있었는지 기억하면서 깊게 호흡한다. 잠깐 동안 그 장면을 떠올려본다. 이제 세부적인 장면들로 들어가 보자. 계속해서 그 장면들에서 보이는 행복을 느낀다. 가슴에서 따뜻한 불빛을 경험할 수도 있다. 스스로에게 평화롭고 행복한 생각을 보내면서 '내가 고통에서 벗어나기를', '내가 행복해지기를', '내가 잘 지내기를', '내가 평화를 찾기를'과 같은 생각을 반복한다.

3. 괴로움, 위협적인 느낌 그리고 아픔을 위한 자비

이 훈련에서는 친절하고 현명하며, 자신감 있는 자비로운 자기의 관점으로 전환하고, 자신 안에서 경험하고 있는 괴로움, 아픔, 불안, 화, 슬픔과 같은 부정적인 느낌을 바라보며 자비를 보낸다. 그 과정에서 일어나는 자비와 따뜻한 느낌을 상상하고, 자비를 고통이나 불편함으로 확장시키는 상상을 한다. 고통받고 있는 나를 따뜻한 빛의 형태로 자비가 둘러싸고, 진정시키고 친절하게 감싸는 상상을 한다.[51]

당신의 무기력은 몇 톤인가요?: 학습된 무기력

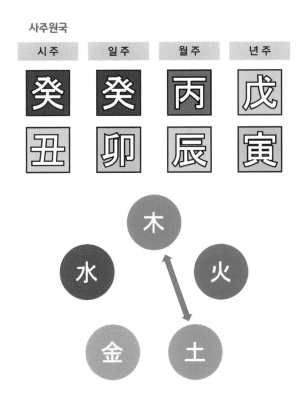

위 사주의 지지 구성을 보면 [寅인卯묘辰진]으로 목국(木局)의 합을 이루고 있어 목(木)의 영향력이 매우 강하다. 목국은 동방에 배속되며 계절은 봄이다. 새롭게 시작하고 솟아나는 기운으로 앞으로 뻗어나가는 운동성을 가진다. 아이와 같은 생동감으로 새롭고 창의적인 활동에

51. Russell L. Kolts, 2021, 《임상가를 위한 자비중심치료 가이드북》(박성현 외 공역), 학지사, p232.

적합하고 자신의 활동성을 마음껏 펼칠 수 있는 자유로운 환경이 능률적이다. 하지만 지지의 환경과는 반대로 천간에서는 계수(癸)일간 옆에 화(火)와 토(土)가 수극화(水剋火), 토극수(土剋水)운동을 하고 있어, 명주는 능동적이고 새로움을 추구하기보다 수동적이고 관습적인 가치를 지향하는 경향성을 가진다. 이러한 천간의 토극수 운동을 지지의 축토(丑), 진토(辰)가 알아주고 있으니, 지지에서는 목극토(木剋土)로 강한 목운동의 힘을 빼고자 한다. 하지만 대운과 세운에서도 목운동에 힘을 실어주고 있어 막아서기 버거운 모습이다. 만물이 소생하는 봄의 목운동이 주도권을 가지고 있는 환경에서 토는 목의 운동성을 방해하는 역할을 할 수도 있지만, 목은 토를 밑거름으로 삼아 더 왕성하게 성장할 수도 있다. 천간이 지향하는 가치를 지지의 왕성한 기운을 조절하여 통제가 가능한 영역에서 발현시키는 것이 중요하다. 습한 환경은 변화에 수용적이어서 심리적 유연성으로도 작용하기 때문에 전략적인 통제를 통한 조화와 균형이 중요하다.

위 사주의 명주인 20대 중반의 규리 씨는 대학 졸업 후 바로 취업에 성공하여 일 년이 조금 넘는 기간 동안 회사에 다녔다. 전공과 관련된 업무였기 때문에 큰 어려움 없이 회사에 적응했지만, 무료함과 자신의 적성에 안 맞는 일이라는 생각에 퇴사를 결정했다. 학원을 다니며 원하는 직종의 기술을 익히면서 작년부터는 취업에도 계속 도전하고 있었다. 자신이 하고 싶은 일과 관련하여 적성이 잘 맞는지 궁금해서 상담실을 찾았지만, 반복되는 취업의 실패 때문에 매우 무기력한 상태로 현재는 모든 것을 멈춘 상태였다. 계속 도전하는 것이 맞는지, 성공할 수 있을지에 대한 걱정이 매우 컸고 심리적, 신체적 에너지 수준도 낮은 상태였다. 자신의 선택과 결정에 대해 계속해서 의문이 들었고 회의감이 느껴졌다. 자신의 무능력 때문에 계속 취업이 안 되는 건데, 어느 정도까지 노력해야 성공하는지도 모르겠고, 성공하는 것에 대한 기대도 이젠 더 이상 안 든다고 했다. 가족과 친구들에게는 내색하지 않고 늘 씩씩한 모습을 보여 주고 있지만, 그럴수록 자신의 고민을 털어놓고 말할 사람이 없어 내적으로는 우울감도 점점 깊어지고 있었다.

사람들은 누구나 자기가 선택하고 결정한 일을 수행할 때 원하는 결과를 얻을 수 있을 것이라고 예상하고 기대만큼의 결과가 생기길 바란다. 이것은 자신의 행동이 환경을 통제할 수 있다는 것을 의미하며, 기대하던 결과를 성취했을 때 자기 효능감과 자존감이 단단해진다. 그러나 기대되는 결과와 상관없이 모든 일이 결정되는 일이 반복되고 누적되어 간다면, 자신의 통제감을 점점 잃어버리면서 미래에 대한 기대나 희망조차 느끼지 못하는 무기력감을 경험하게 된다. 무기력은 이렇게 어떤 일에 대해 스스로 통제하는 것이 불가능할 때 나타나게 되는 심리적 상태다. Seligman(1975)은 '학습된 무기력'이 발생하는 가장 중요한 요인은 자신의 행동과 그 결과 사이에 관련성이 없다는 것을 반복적으로 학습하면서 통제 불능의 기대를 갖게 되는 것으로 보았다. 경험을 통해 발달된 무기력은 통제할 수 있는 상황에서도 행동을 하려는 동기를 저하시키고, 우울, 불안과 같은 심리적 문제를 수반한다.[52]

학습된 무기력을 느끼면, 그 원인에 대해 스스로 질문을 해 보게 된다. 무엇 때문에 결과가 계속 이렇게 내 의도대로 안 되는지, 어떤 이유에서였는지, 원인과 답을 찾고자 하는데, 이때 귀인을 어떻게 하느냐에

---

52. 김영희. 1996. 〈학습된 무기력에 관한 이론적 고찰〉. p40.

따라 추후 행동에 미치는 영향력이 달라진다. 귀인(attribution)이란, 불분명한 상황에 대해 생각하는 과정에서 '결과'에 대한 '원인'을 추론하여 해석하는 것을 말한다. 귀인성향에 따라 내적귀인과 외적귀인으로 나누어 볼 수 있는데, 내적귀인은 자신의 능력, 노력, 태도, 인성, 동기, 정서와 같이 내부에서 원인을 찾는 것이고, 외적귀인은 일의 성격, 난이도, 운, 보상, 벌, 과제, 타인과 같이 외부에서 원인을 찾는 것이다. 외적귀인은 중요한 타인의 통제를 통해 귀인하는 타인귀인과 그 외의 우연에 의해 결정되어지는 것으로 보는 우연귀인으로 나뉜다.

사람들은 도전하고 노력해서 성공했을 때 자신의 능력에 대해 긍정적인 평가를 하고, 실패했을 때는 부정적인 평가를 한다. 또는 실패의 원인을 자신이 통제할 수 없는 외부로 돌리기도 한다. 그래야 자존감의 손상을 방어하면서 심리적 불편감을 감소시킬 수 있기 때문이다. 귀인이 생활에서 중요한 이유는 이렇듯 사건의 원인을 어디에 두느냐에 따라 성취 수준과 느끼는 정서가 다르기 때문이다.[53] 다음은 귀인성향에

내적귀인성향	check
내가 앞으로 리더가 되느냐 못 되느냐는 나의 능력에 달려 있다.	
내가 자동차를 운전할 때 사고가 난다면 그것은 나의 운전 기술에 달려 있다.	
나는 일단 계획을 세우면 그것을 꼭 실천할 자신이 있다.	
친구를 많이 사귈 수 있느냐, 없느냐는 나의 됨됨이에 달려 있다.	
나는 내 인생을 내가 개척해 나갈 수 있다고 생각한다.	
나의 이익을 스스로 지켜갈 수 있다고 생각한다.	
내가 소원을 이루게 된다면 그것은 내가 열심히 노력했기 때문이다.	
내 인생은 나의 노력에 의해서 결정된다고 생각한다.	

---

53. 김일순, 오오현. 2016. 〈귀인성향이 학습된 무기력에 미치는 영향에서 자기 효능감과 사회적 지지의 매개효과〉. 《한국기독교상담학회지》, 27(1). p45.

대해 탐색해 볼 수 있는 질문지다. 나는 대체로 어떠한 귀인성향을 가지는지 알아보자.

타인귀인성향	check
내 인생의 방향은 내가 결정해 나가기보다 윗사람들이 거의 결정해 준다.	
내가 능력이 있다 하더라도 윗사람에게 잘 보이지 못하면 책임 있는 자리를 맡지 못할 것이다.	
나의 생활은 주로 윗사람들이 결정, 통제하고 있다.	
나의 의견과 윗사람의 의견이 다른 경우 나의 의견을 주장할 수 없다.	
내가 원하는 것을 얻으려면 먼저 윗사람을 기쁘게 해야 한다.	
윗사람들이 나를 못마땅하게 여기면 친구 사귀기도 어려울 것이다.	
내가 만약 자동차 사고가 난다면, 그것은 나의 잘못이 아니라 상대방의 잘못으로 생긴 것이다.	
나의 계획을 실천에 옮기기 전에 그것이 윗사람의 생각에 맞는지 우선 확인할 필요가 있다.	

우연귀인성향	check
내 인생의 상당 부분이 우연적인 사건에 의해 좌우되는 것 같다.	
나는 가끔 나도 어쩔 수 없는 불운을 만날 때가 있다.	
내가 바라던 것을 얻었을 때는 재수가 좋았기 때문이다.	
나는 세상만사가 조물주가 정해 놓은 방향으로 되어가고 있다고 생각한다.	
자동차 사고가 나느냐, 아니냐는 대부분 운수에 달려 있다.	
세상일이 내 뜻대로 되는 것이 아니고 운수에 달려 있기 때문에, 장기 계획을 세워 봤자 소용이 없다.	
내가 성공할 수 있으려면 재수가 좋아야 한다.	
친구를 사귀는 일도 내 마음대로 되는 것이 아니라 운수 팔자에 달려 있다.	
Levenson(1981)의 귀인성향척도 참고	

　　한번 선택된 귀인은 미래의 무기력에 대한 기대와 자존감의 저하에 영향을 미친다. 부정적인 사건에 대해 통제 불가능성의 원인을 내적으로 귀인할수록 외적(타인, 우연)으로 귀인 할 때보다 자존감의 상실과 행동 동기를 약화시켜 무기력한 상태로 빠지게 되며, 이때 내적 요인 중에도 노력이 아닌 능력의 부족으로 지각할수록 더 장기적인 무기력을 일으킨다. 전반적으로 외적귀인인 타인, 우연귀인성향이 높다면 자존

감을 보호하여 자아 기능의 손상은 덜 할 수 있지만, 통제 가능성이 외부에 있기 때문에 행동을 결정하고 실행하는 추진력의 결손은 더 일반화시킨다.[54] 외부 요인에 의해 자신의 행동이 결정되는 수동적인 무기력의 형태로 나타난다.

따라서 무기력에 대처하기 위해서 성공과 실패에 대한 귀인을 전략적으로 하는 것이 효과적인 방법이 될 수 있다. 노력을 최대로 기울였음에도 불구하고 실패했을 경우, 자신을 무능한 존재로 귀인하는 것이 아닌 시각을 전환시켜 새로운 관점에서 노력한 방향의 설정이 적합한 것이었는지, 노력한 방법이 효과적인 전략이었는지를 되짚어 귀인의 맥락을 조금 변형시키는 것이다. 내가 선택할 수 없는 외적 요인에 대해서도 자신을 방어하고 싶은 마음에 실패의 원인을 합리적으로 판단하지 못한 것은 아닌지 귀인에 대한 재해석이 이루어져야 한다. 이런 전략적 귀인은 비합리적인 귀인으로 인한 자기 효능감의 저하를 보호할 수 있고, 건설적인 태도와 긍정적인 기대감을 형성하는데 도움을 줄 수 있어 결과적으로 학습된 무기력을 초래할 가능성을 줄일 수 있다.

---

54. 김정규, 김윤경. 1990. 〈인생의 목적과 우울증 및 학습무기력 귀인유형의 관계고찰〉. 《敎育論叢》. 14. p56.

그럼에도 내가 원하는 것은: 반추사고

사주원국

시주	일주	월주	년주
庚	己	壬	丁
午	亥	子	巳

위 사주의 지지를 보면 [巳사午오未미], [亥해子자丑축]의 기운이 서로 마주 보며 극하는 구조로 되어 있다. [巳사午오未미]는 火에 속하고 남방에 배속되며 계절은 여름이고, [亥해子자丑축]은 水에 속하고 북방에 배속되며 계절은 겨울이다. 중간에 환절기 역할을 하는 토(土)가 없어 여름과 겨울이 운의 흐름에 따라 각자의 역할을 해 나가게 된다. 지지의 중심이 되는 월지와 일지가 수(水)의 운동성을 하고 있고, 지

나온 대운에서도 금생수(金生水)의 작용으로 자신의 강점을 살린 직업과 성취에 있어 어려움이 없었다. 하지만 현재 미토(未) 대운으로 들어서면서 [巳사午오未미]의 작용이 국을 이루어 작용을 하게 되니, 이전과는 다른 뜨거운 여름의 계절을 살아가야 한다. 겨울의 추위를 녹이고 온도를 올려 살아가기 좀 더 쾌적한 환경을 만들어 주기도 하지만 명주에겐 이 뜨거움이 낯설고 답답하게 느껴질 수도 있다. 이전에 주어졌던 성취를 뜨거운 열기로 꺼트리고 묶어 두는 작용으로 나타나기 때문에 명주에게는 화(火) 대운에서 살아가기 위한 새로운 생활양식의 변화가 필요하다. 기존의 사회적 관계, 물리적 환경들이 정리되고 시작되는 변화에 대응하기 위해 수용적이고 유연한 삶의 태도와 문제 해결력이 요구된다.

위 사주의 명주인 40대 중반의 태호 씨는 최근 결혼까지 생각하며 만나던 여자 친구와 헤어지고, 심리적으로 매우 고통스러운 상태로 상담실을 찾았다. 완전히 헤어지기 전까지 헤어지고 만나기를 몇 달에 걸쳐 반복하면서 몸과 마음이 지칠 대로 지쳐 더 이상 이 관계를 유지할 수 없다는 결론을 내렸고, 함께 하던 것들을 모두 정리하였다. 하지만 그녀가 몇 시엔 어디서 무엇을 하는지, 좋아하고 즐겨가는 곳은 어디인지 다 알고 있기에 마음만 먹으면 다시 찾아가 그녀를 만날 수 있었다. 헤어지기로 결정은 했지만 태호 씨의 마음은 정말 그녀와 헤어질 수 있는지, 잘못된 선택은 아닌지, 다른 방법은 없는지 끊임없이 되물었다. 며칠 전 의도치 않게 그녀와 마주치게 되었는데 여지없이 다툼이 일어났고 고민되던 마음도 확실하게 정리되었다고 생각했다. 여지를 남기던 모든 행동들도 하지 말아야겠다고 다짐하고 주변에도 진짜

사주명리 속 심리학

헤어졌음을 알리며, 관계의 끝을 스스로도 되뇌었다. 하지만 아침에 눈을 뜨면 그녀가 나한테 왜 그랬을까, 내가 잘못한 것은 무엇일까, 헤어지는 게 맞는 것일까 등의 생각이 머릿속을 흔들었다. 일을 하는 동안에는 그래도 괜찮았지만, 그 외의 시간에는 계속해서 드는 그 생각들이 멈추지 않고 태호 씨를 괴롭혔다.

태호 씨에게 수(水)오행은 재성, 화(火)오행은 인성을 나타내며, 재성과 인성은 서로 극(剋)의 관계다. 남명에게 재성은 육친적으로 아버지와 처(부인)를 의미한다. 미혼인 태호 씨에겐 이성과의 문제로 나타났고, 인성 대운으로 접어들며 재성을 제한하는 환경에서 관계의 상실로 이어진 것이다. 인간은 살아가면서 누구든 사랑하는 사람 또는 대상을 잃는 관계 상실을 경험한다. '상실'은 자신에게 소중하고 가치 있는 대상에게 더 이상 가까이할 수 없게 되는 것을 의미한다. 상실 경험은 대표적으로 죽음 관련 상실, 관계 단절 상실, 물리적, 심리적 상실을 포함하는 기타 상실, 역사적 사건에 의한 상실로 구분된다. 죽음 관련 상실은 사랑하는 사람을 죽음으로 잃는 것이고, 관계 단절 상실은 이혼, 실연과 같이 중요한 사람과 신체적, 정신적으로 관계를 맺을 수 없게 되는 것을 말한다. 기타 상실은 애착을 느끼는 사물을 잃어버리거나 익숙한 환경에서 떠나는 물질적 상실과, 추상적 정서적 심상을 잃는 것과 같은 심리적 상실을 포함한다. 마지막으로 역사적 사건에 의한 상실은 전쟁이나 학살 사건 등으로 겪는 상실을 말한다.[55]

---

55. 노미애. 2021. 〈관계상실 경험자의 사건충격이 외상 후 성장 및 외상 후 스트레스 증상과의 관계에 미치는 영향-반추의 매개효과와 자기노출 및 적응적, 부적응적 완벽성향의 다집단 조절효과〉. 용문상담심리대학원대학교 박사학위논문. p15.

그중에서도 보편적으로 빈번하게 경험되는 것은 관계 단절 상실이다. 부부, 친구 또는 연인, 가족 안에서도 경험할 수 있는 상실이다. 관계 단절의 경험은 개인에 따라 매우 충격적이고 고통스러운 사건으로 인식된다. 사람들은 충격적인 사건을 경험하면 그 사건이 왜 일어났는지를 인지적으로 이해하고 해결 방법을 찾기 위해 사건에 대해 반복적으로 떠올리고 생각하는 경향이 있다. 이렇게 어떤 일을 반복적으로 떠올리고 계속해서 생각하는 것을 '반추'라고 하는데, 생각하고 싶지 않아도 침습적, 반복적, 자동적으로 떠오르는 사고를 '침투적 반추'라고 한다. 원하지 않는 침투적 사고는 통제하기 어렵고 반복적이며, 정서적 고통을 동반하고, 부정적인 내부 초점적 사고로 이어져 불안과 우울을 증가시킨다.[56] 통제할 수 없다고 느껴지는 스트레스 상황을 통제하려고 할수록 심리적 고통감과 정신적 괴리감은 가중된다. 침투적 사고를 위협적이고 통제할 수 없다고 지각한다면, 그 사고에서 한 발 물러나 자신의 부적 정서를 완화시키는 것이 더 중요하다.[57] 원하는 상태를 이루려는 과도한 노력이 오히려 그 상태와 멀어지게 만드는 결과를 낳을 수도 있기 때문이다. 따라서 생각과 감정을 억제하거나 통제하는 인지적 재구성보다는 고통을 수용하고, 문제가 되는 생각이나 감정에서 한 발짝 물러서는 탈중심화(decentering)가 치료 기제로 도움이 될 수 있다.

'탈중심화'는 자신의 생각이나 감정에 거리를 두고 관찰하며 생각과 현실은 다를 수 있다는 관점을 가지는 능력이다. 탈중심화는 생각과

56. 김빛나, 임영진, 권석만. 2010. 〈탈중심화가 내부초점적 반응양식과 우울증상에 미치는 영향〉. 《Korean Journal of Clinical Psychology》. 29(2). p574.

57. 이서정, 오경자. 2008. 〈과도한 사고통제욕구, 인지적 자의식과 강박사고: 침투사고중심 대처방략의 매개효과〉. 《Korean Journal of Clinical Psychology》. 27(4). p799.

감정에 대한 관점의 변화를 의미하기 때문에 반추 사고에 영향을 미친다. 역기능적인 사고 패턴의 악순환을 차단할 수 있기 때문이다. 특히 반추로 인해 우울 증상이 심화되는 경우, 탈중심화된 관점을 유지하는 것이 우울의 보호 요인이 될 수 있다고 연구되고 있다. 탈중심화의 핵심 내용은 첫 번째, 자신의 생각과 자기가 동일하지 않다는 관점을 갖는 것이다(사고와의 탈동일시). 두 번째는 자신의 부정적인 경험에 습관적으로 반응하지 않을 수 있는 능력을 기르는 것이고(반응의 탈자동화), 세 번째는 자신을 수용할 수 있는 능력을 갖는 것이다(자기 수용).[58]

다음은 탈중심화를 일상에서 쉽게 연습할 수 있는 방법이다. '문장 구조 바꾸기'는 "나는 우울해" 대신 "나는 지금 우울한 감정을 느끼고 있어"라고 말하는 것이다. 이 연습은 언어와 서로 융합되어 있는 경험적 의미를 문자와 분리시키는 것으로 언어는 그저 언어일 뿐 그 이상도 아니고, 생각은 생각일 뿐 실제가 아님을 알게 된다. 이러한 과정에서 생각과 거리를 두고 객관적으로 나를 바라보는 탈중심화된 관점이 길러질 것이다.

---

58. 한송이. 2017. 〈탈중심화 기법이 우울한 기분과 반추적·반성적 반응양식에 미치는 효과〉. 충북대학교일반대학원 석사학위논문. p13.

문장 구조 바꾸기[59]

| ▶ 나는 _____ 라는 생각을 하고 있다. |
| ▶ 나는 _____ 라는 감정을 느끼고 있다. |
| ▶ 나는 _____ 에 대한 기억을 하고 있다. |
| ▶ 나는 _____ 한 신체 감각을 느끼고 있다. |
| ▶ 나는 _____ 하려는 경향성을 알아차리고 있다. |

오늘 밤에 해야 할 일이 있어	나는 오늘 밤에 해야 할 일이 있다는 생각을 하고 있어
난 우울해	나는 우울한 느낌을 갖고 있어
너무 슬퍼	나는 슬픈 감정을 느끼고 있어

일상에서 이러한 탈동일시 연습이 관계 상실에서 오는 슬픔과 아픔을 얼마나 완화시켜 줄 수 있을지 의문이 들기도 할 것이다. 우리의 인지와 정서, 행동은 모두 유기적인 관계로 이루어져 있어 동시에 작용한다. 인지와 연결되는 언어와 의미를 분리시키는 연습은 정서와 의미를 분리시키는 연습이 되며, 습관적으로 해 왔던 행동들을 조절할 수 있는 힘이 길러진다. 슬픔이 하루하루의 일상을 덮어버린 것 같지만 사실 영원한 슬픔은 없다. 감정은 고정되어 있지 않기 때문이다. 탈동일시 연습을 통해 자신의 언어와 감정의 거리를 만들어 침몰되어 있던 감정에서 조금씩 벗어날 수 있을 것이다.

---

59. Steven C. Hayes, Spencer Smith, 2022, 《마음에서 빠져나와 삶 속으로 들어가라-새로운 수용전념치료》(문현미, 민병배 공역), 학지사, p184.

PART 4

격국
格 局

적성과 진로

격국이란?

●

　　사주명리학의 중요 이론인 '격국'은 사주원국을 구성하고 있는 8개 글자가 의미하는 일정한 격식과 형태를 말한다. '격'이란 사전적 의미로 주위 환경이나 형편에 자연스럽게 어울리는 분수와 품위를 말하며, 그 사람의 타고난 성향과 자질을 의미한다. 명리에서는 사주의 '격국'을 통해 명주가 선천적으로 타고난 역할은 무엇이고, 역할에 따른 책임은 어떠한가를 알아본다. '격국'은 삶의 다양한 환경에서 명주가 가진 사회적 역량이 어떻게 발현되는지를 풀이하고 해석하는 기준점이 되기 때문에 사주 분석에서도 매우 중요한 부분을 차지하며, 이를 바탕으로 명주의 적성, 진로, 직업을 추론한다. 사회적 동물인 인간은 직업을 통해 노동을 제공하고 생존해 나가기 때문에 직업은 삶의 의미와 행복을 추구하는 가장 기본적인 수단이기도 하다. '격국'을 통해 나의 사회적 행동 양식은 어떤 강점과 약점을 가지는지 살펴보고, '격'이 나타내는 특징에 맞게 현재 나의 직업과 업무를 다양한 각도로 생각해 볼 수 있기를 바란다. 강점은 더욱 의식화하여 빛나게 하고, 약점을 보완해 나간다면 어떤 분야에서 어떤 업무를 맡고 있든지 더 능률적이고 자신감 있는 사람이 될 것이다.

　　'격국'은 일간을 기준으로 해서 다른 글자와의 관계를 나타낸 '십성

　　　　　　　　　　　　　　　　　　사주명리 속 심리학

(十星)'의 의미에 따라 해석된다. 월지의 지장간 중에 천간에 나타난 글자를 '격'으로 정하고, 그 글자가 가지는 '십성'의 의미에 따라 풀이되므로 먼저 '십성'이 어떻게 정해지는지 살펴보자. 앞장에서 설명되었듯이 오행(木. 火. 土. 金. 水)은 서로 상생과 상극이라는 운동성을 가진 유기체다. 한 글자씩을 따로 떼어 생각할 수도 있지만, 명리에서는 이들이 가지는 운동성을 매우 중요하게 여긴다. 그래서 일간을 중심으로 오행의 생과 극의 관계를 따져 '십성'이라 이름 붙이고, 그 글자들이 가지는 특성을 정의했다. 생(生)은 내어주고 도와주는 에너지를 가지고, 극(剋)은 제어하고 통제하는 에너지를 가진다. 독자들의 이해를 위해 각 십성의 한글 명칭을 중심으로 나타내었다.

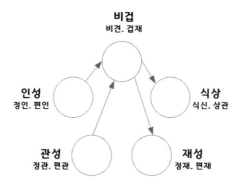

일간을 중심으로 일간과 같은 오행은 '비겁', 일간이 생하는 오행은 '식상', 일간이 극하는 오행은 '재성', 일간을 극하는 오행은 '관성', 일간을 생하는 오행은 '인성'이라고 이름을 붙였다. 또한 일간과 음양이 같은지, 다른지에 따라서 정, 편으로 나눈다. 비겁 = 비견 / 겁재, 식상

= 식신 / 상관, 재성 = 정재 / 편재, 관성 = 정관 / 편관, 인성 = 정인 / 편인이 된다. 이렇게 일간과 다른 글자들의 관계를 오행과 음양에 따라 10개의 특성들로 정의한 것이 '십성'이다.

사주명리 속 심리학

격국을 나타내는 십성 찾기

•

지지의 12글자들은 모두 천간의 글자들을 품고 있다. 이를 '지장간' 이라고 하는데, 천간의 글자가 지지의 글자들 안에 숨겨있어 '일간의 숨겨진 속마음'이라고도 한다. '지장간'은 2~3개의 천간의 글자를 가지고 있고, 위에서부터 아래로 내려갈수록 영향력이 큰 글자다. '격'은 월지 자리의 '지장간'에서 찾는다. 월지의 '지장간' 글자가 천간에 나타나 있는지 찾아서 그 글자의 '십성'을 확인하여 '격'을 정한다.

이 사주의 경우 월지 亥(해수)의 지장간 戊, 甲, 壬 중에 壬(임수)가 천간에 똑같이 나타나 있고, 나타내는 십성이 편관이다. 따라서 이 사주의 '격'은 '편관격'이 된다.

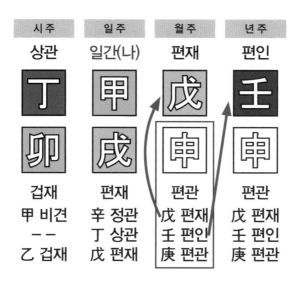

위 사주와 같이 월지의 지장간 글자가 천간에 하나 이상이 나타날수도 있다. 이런 경우에는 아래쪽에 있는 글자를 '격'으로 정한다. 아래쪽에 있을수록 더 큰 힘을 가지기 때문이다. 따라서 이 사주의 '격'은 '편인격'이 된다.

시주	일주	월주	년주
편재	일간(나)	겁재	정재
癸	己	戊	壬
酉	亥	申	寅
식신	정재	상관	정관
庚 상관	戊 겁재	戊 겁재	戊 겁재
— —	甲 정관	壬 정재	丙 정인
辛 식신	庚 정재	庚 상관	甲 정관

　　반대로 위와 같이 지장간의 글자가 천간에 없는 경우도 있다. 이
럴 때는 가장 아래쪽에 있는 글자를 '격'으로 정한다. 따라서 이 사주의
'격'은 '상관격'이 된다.

10격을 통해 알아보는 적성과 사회적 특징

●

만세력을 통해 나의 격이 무엇인지 찾아보았다면, 다음의 십격의 특징들에 대해 살펴보도록 하자. 월지 자리의 십성과 격은 나의 사회적 활동 양식을 대표해서 보여 주기 때문에 직업적 특성과 밀접하게 연관된다.

식신격

Keyword: 말, 애교, 호기심, 붙임성, 재치, 유머, 지혜, 집중, 여유, 미식, 전문성, 성실, 정직, 낙천적, 봉사, 배려

식신격은 일간의 에너지를 받기에 마음의 여유와 상대에 대한 배려가 많은 심성을 지닌다. 명랑하고 담백하며 총명하다. 무엇보다 자기 자신에게 솔직하며, 타인의 평가와 시선에 의해서가 아닌, 자신의 욕구에 맞는 것을 추구한다. 자신이 좋아하고 관심 있는 분야에 집중하면서 몰두하는 경향성을 가지며 그 안에서 즐거움을 찾는다. 하지만 관심 없는 분야에 대해선 무심하기 때문에 '열심히 노력하지 않는다', '게으

르다'는 소리도 간혹 들을 것이다. 식신은 일간의 기운을 외부로 꺼내어 나누고 드러내는 기운이므로 나를 표현하는 활동에 강점을 가진다. 내가 가진 생각이나 아이디어, 재능 등을 밖으로 꺼내 표출하는 활동을 의미하는데, 대중적으로 유행하는 다양한 분야가 아닌 자신이 관심 있는 한 분야를 깊이 있게 몰입해 들어가니 성취물이 전문적이고 남다른 것이 많다. 자신의 직접적인 경험을 통해 재능을 만들어가는 사람으로 일단 경험한 후에 인식하는 방법을 취한다. 적절하게 도구 사용을 잘하며 재빠른 판단력으로 문제를 처리하기 때문에 주변에서 일 잘한다는 소리를 많이 듣는다. 업무에 있어서 조직적이고 체계적인 구조보다는 자유롭게 일할 수 있는 환경이 더 유리하고 효율적이다.

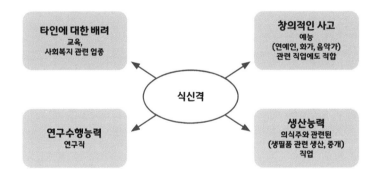

상관격

Keyword: 순발력, 창의력, 변화, 아이디어, 박학다식, 자기표현, 총명함, 비판적, 독창적, 반항심, 사교성, 감수성, 외교력, 언어구사, 발상, 감각적, 예술성

상관은 식신과 같이 일간의 에너지를 받지만 음양이 달라 어린아이 같이 톡톡 튀는 개성과 창의성, 반항적인 에너지를 가진다. 개방적이고 사교적인 성격으로 폭넓은 대인 관계를 지향하기에 주변에 늘 사람이 많다. 창의적인 아이디어와 화려한 언변이 강점으로 기존의 것을 색다른 시각으로 재해석하여 적용하고 표현하는 능력이 뛰어나다. 시간과 공간의 변화에 민감하여 유행하는 혁신적인 아이템을 빠르게 찾아내고 예술성이 있으며, 동적 활동을 선호한다. 독창성이 강하고 반항적인 경향성을 지녔기 때문에 자유도가 높은 업종에 적합하다. 다양한 분야에 호기심이 많고, 현재에 몰입하여 즐기는 성향으로 활동성을 가지기 때문에 상관격은 어느 직종에 있어도 자신의 개성을 잘 드러낸다. 대인 관계에 있어서도 융통성이 있고 자신의 감정을 잘 표현해서 새로운 사람을 사귀거나 알아갈 때도 어려움이 없다. 다만 상관격은 무의식적으로 비판적이고 반항적인 시선이 드러나 다툼과 언쟁이 생길 수 있고, 거침없는 입담으로 타인에게 상처를 줄 수도 있어 항상 말과 행동을 조심해야 한다. 변화를 꿈꾸는 사람이기에 기존의 틀과 질서를 깨트리고 싶어 하는 본능을 인지하고 합리적으로 점검하여 개혁과 순응의 조화를 이루는 것이 중요하다.

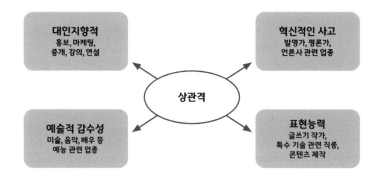

정재격

Keyword: 안정, 성실, 근면, 정직, 검소, 책임감, 계획성, 논리적, 계산력, 섬세함, 꼼꼼함, 치밀함, 합리적, 현실적

　정재는 일간이 제어하는 기운으로 내부를 관리하고 유지하는 에너지를 가진다. 내부를 통제하여 자신의 영역을 안정적으로 지키고자 하는 보수적 성향을 지니고 있어 변화를 매우 싫어한다. 부지런하고 성실하며 가치판단의 기준이 재물(돈)이라서 성과를 무엇보다 중요하게 생각한다. 어떤 일이든 시작하면 구체적이고 실제적인 계획을 세우고 실행하여 결과물을 만들어 낸다. 합리적이고 수리적 논리에 강하며 계산력이 뛰어나다. 꼼꼼한 관리력이 강점이고 노력한 만큼의 보상이 따르는 안정적인 일을 좋아하므로 명확한 시스템으로 조직화되어 있는 직업군에 적합하다. 정재격은 위험한 것을 싫어하고 확실하고 분명한, 예측 가능한 환경에서 편안함을 느낀다. 확실하지 않은 것을 잘 못 견뎌

서 강박적으로 주변을 안정화시키려는 경향성을 가진다. 그래서 자신이 소유한 물건, 자신이 속해 있는 환경, 대인 관계에서도 새로운 것보다 확실한 자기 것에 대한 애착이 강하고, 모호한 상황에서는 불안이 높아진다. 우리가 살아가는 세상은 항상 새로운 변화가 숨어있고 변화에 적응하며 살아가야 한다. 이러한 변화를 자연스러운 과정으로 받아들이고 모호함이 주는 불안을 지혜롭게 조절하는 게 중요하다.

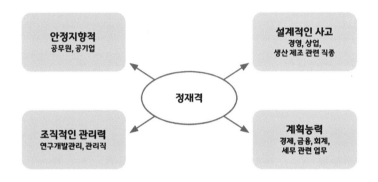

편재격

Keyword: 사교성, 소유욕, 활동력, 처세술, 생활력, 현금자산, 현실추구, 판단력, 평가능력, 계산력, 응용력, 가치 환산능력

편재는 일간이 제어하는 기운으로 외부를 관리하고 통제하는 에너지를 가진다. 외부를 통제하여 자신의 영향력을 넓히고 지배하려는 욕구가 내재되어 있다. 그에 따르는 성취물이 재물(돈)이 된다. 재물을 키

사주명리 속 심리학

워서 부풀리고 확대하려는 모습이다. 그래서 편재격은 어떤 일이든 소유욕이 매우 강하고 현실적으로 주어지는 결과물에 따라 행동이 결정되는 결과 지향형이다. 어떤 일이든 물질을 추구하는 직업에 관심을 가지며 결과와 예측이 가능한 직업군을 선호한다. 공간 지각과 수리 능력이 매우 뛰어나며 빠른 판단력을 바탕으로 일을 진행하기 때문에 문제 해결력과 일의 처리 속도가 빠르다. 기회에 강하며 수단이 좋아 큰돈을 유용하는 재능을 가지고 있다. 다만 편재는 투기적인 경향이 크고 일확천금에 대한 동경이 있어 항상 고수익의 가능성을 노린다. 발전과 변화를 추구하며 큰돈을 벌고 싶은 사업가적인 성향이 있다. 그러다 보니 능력을 넘어서서 지나치게 일의 규모를 키워 실패하기도 한다. 즉흥적으로 너무 성급한 판단을 내리지 않도록 항상 주의해야 한다. 호탕하고 다재다능하여 타인과의 관계에 있어서도 폭넓은 관계망을 구축하고 사교적 활동을 넓혀가는 성향이다. 이들과의 관계가 물질추구에 목적성을 두고 피상적이라면 그에 따르는 공허함을 항상 경험하게 되기 때문에 진실된 관계를 위한 노력을 잊지 말아야 한다.

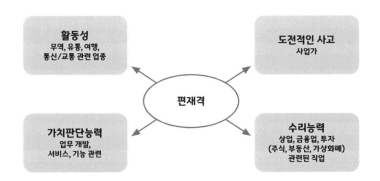

정관격

Keyword: 의지력, 끈기, 믿음, 단정, 정의, 명예, 원리원칙, 객관적, 모범적, 자기 관리, 신중함, 윤리적, 변화회피, 예의, 성실함, 책임감, 체면

정관은 일간을 제어하는 기운으로서 나를 통제하고 관리하는 에너지다. 사람은 누구나 타인과 더불어 살아가는 데 있어 법과 질서, 규칙과 원칙이 필요하다. 정관격은 이러한 규칙과 원칙을 지켜 나의 생존과 안정성을 보장받으려고 하는 강한 성향을 가지며, 어떤 직업에 속해 있든 소속감을 가지고 전체를 통솔, 관리하는 역할을 잘하는 사람이다. 태도가 바르고 착실해서 모범생으로 불린다. 책임감도 강해서 타인에게 피해를 주지 않으려고 하며, 약자를 보호하는 보호 정신 또한 강하다. 순서를 정한 다음 행동하기 때문에 서열이 분명한 환경에서 능률적이며, 상하관계를 잘 유지한다. 명분에 따라 체계적인 과정을 거친 결과를 추구하는 정관격의 사람들은 무엇보다 체면과 명예로움을 중요하게 생각한다. 명예 지향적이고 어디에서나 자신이 존중받기를 원한다. 그래서 외부적으로 보이는 모습에 신경을 많이 쓴다. 직장이 주는 타이틀과 직책의 명함 등으로 타인에게 과시하고자 하는 욕구가 있다. 불안하고 힘든 일이 생길 때에도 마음의 질서를 바로잡고 정리하여 안정을 얻고 싶은 욕구가 강해 불안을 회피하고자 하고, 다른 사람에게 도움을 구하고자 하지 않아 내적 통제가 매우 높게 나타나는 유형이다. 규칙적이고 원칙적인 사고 과정을 지향하기에 인지, 정서, 행동적인 모

든 상황을 합리적이고 이성적으로 통제하고자 한다.

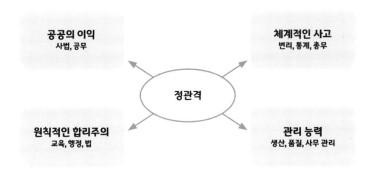

편관격

Keyword: 체면, 명예, 조직, 우선, 기억력, 독선적, 카리스마, 강압적, 스
트레스, 책임감, 도전력, 행동력, 결단력, 분별력, 신속성

편관은 정관과 같이 일간을 제어하는 기운이지만 정관보다 좀 더
큰 에너지로 일간을 컨트롤하려는 기운을 지녀 강압적이고 통제적인
권위를 지향한다. 그래서 편관격은 체면과 명예를 가장 높은 가치로 생
각하며, 스스로의 엄격함과 절제를 바탕으로 자신이 원하는 이상적인
자아가 되기 위해 끊임없이 노력한다. 책임감과 결단성 있는 행동력으
로 승부하며, 사회적으로 인정받고 군중을 이끌고자 하는 리더형의 사
람이기에 권위적인 직업군에 적합하다. 새로운 것에 도전하고 강한 의
지로 한계를 넘어서는 목표를 성취하고자 하며, 옳다고 생각하면 손해

를 보더라도 앞장서는 카리스마를 가지고 있다. 타인의 욕망과 심리를 잘 파악하여 이상적인 모습을 보여 주어 인기와 명예를 얻고자 한다. 반면 타인의 평가에 매우 민감하고 자신을 억압하는 것에 대한 반감이 커서 원하는 일이 잘 안 되거나 타인과 비교되며 인정받지 못할 때 매우 위축되고 소심해지는 경향성을 보인다. 인간관계에서도 인정욕구가 깊게 자리하고 있어 상대가 하는 말이나 행동이 싫어도 표현하지 못하고 혼자 속앓이만 할 가능성이 높다. 스스로의 인정 욕구를 수용하고 대인 관계 스트레스를 조절할 수 있는 역량을 키우는 것이 중요하다.

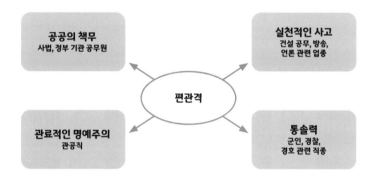

정인격

Keyword: 자격증, 계획, 신중, 안정, 추구, 다정다감, 수용력, 정직성, 명예, 교양, 학문, 지식인, 이론탐구, 교육, 인내심, 조절력, 포용력, 문화, 학술

정인은 일간을 더 바르고 따뜻한 사람으로 성장시키는 에너지를 가진다. 일간을 보살피고 성장시키는 모든 것이 인성의 역할이지만 정인은 특히 안정적인, 보편적인, 사회적으로 제도권에 속하는 학문을 통해 일간을 성장시킨다. 그래서 정인격은 배움에 대한 호기심이 강하고 끊임없이 배우고 습득하려고 한다. 모든 지식에 대해 수용적이고 직관적 사고의 폭이 넓어 매우 지혜롭고 총명하다. 자신의 학문적 가치를 인정받기 위해 꾸준히 노력하며 이루어나가는 사람이다. 행동력과 융통성은 다소 부족하나 모든 일에 순서와 절차를 고려하고 계획성 있게 추진한다. 따라서 행정 업무에 능률적이고 교육과 지식을 바탕으로 한 직업군이 적합하다. 명예를 중요시하고 보수적 경향이 강하지만 따뜻한 정과 의리가 있어 타인에게 인자하고 예의 바른 사람이다. 하지만 때로는 생각이 너무 많아 자기중심적이고 폐쇄적인 경향성을 가질 수 있어 스트레스에 매우 취약하다. 자신의 생각과 감정을 적절하게 표현하고 타인을 수용할 수 있는 역량을 키워나가야 한다. 또한 이상을 추구하는 정인격은 현실적, 물질적 감각이 약하고, 경제 활동에 소극적일 수 있다. 경제 뉴스와 재테크 관련 도서를 통해 실제적으로 활용 가능한 지식의 축적에도 관심을 가져 보는 것이 좋다.

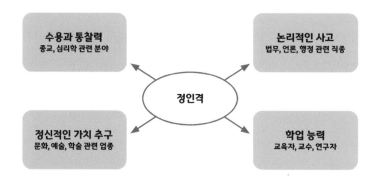

편인격

Keyword: 특수 학문, 특수 기술, 선별적 수용, 독특한 생각, 비현실적,
순발력, 유머, 표현력, 종교, 철학, 추리력, 상상력, 예술성, 인
식형, 자기만족

편인은 정인과 같이 인내와 수용을 통해 일간을 성장시키는 에너지
를 가진다. 하지만 편인은 조금 독특한 방식으로 드러난다. 자신이 흥
미를 가지는 분야에 대해서만 인내력을 발휘하기 때문에 집중과 몰입
이 뛰어나지만 지속력은 떨어지는 경향이 있고, 정인이 무조건적인 수
용을 한다면 편인은 부정적인 수용을 한다. '이건 왜 그런 거지?, 이게
정말 맞는 걸까?' 하는 의심을 하며 수용한다. 이러한 특성들로 인해
편인격은 독특한 사고방식으로 빠른 성취를 보이고, 특수 학문 분야에
재능을 보인다. 직관적 사고와 추리력이 뛰어나고 예술적 감각이 탁월
하며 자신만의 전문적인 실력을 갖추어 능력을 발휘한다. 재치 있는 순

발력으로 문제 상황에 대처하는 능력도 우수하고 다양한 분야에 관심이 많아 여러 분야에서 두각을 나타내는 팔방미인형이다. 다만 스스로의 자기만족을 최우선으로 생각하고 직관적으로 행동하기 때문에 대인 관계에 있어서도 변덕스럽고 개인주의 성향이 강하게 나타난다. 끊이지 않는 생각이 예기불안과 걱정, 의심으로 발전하여 스스로와 타인을 괴롭힐 수 있어 현실적이고 합리적인 생각으로 세상과 타인을 바라보는 시각을 갖추는 것이 필요하다.

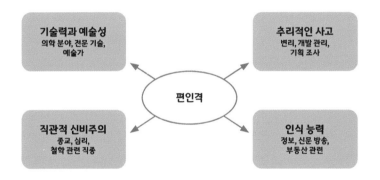

비견격

Keyword: 동료, 독립심, 고집, 배짱, 추진력, 진취적, 적극적, 분배, 평등, 서포트, 경쟁, 자존심, 의지, 리더십

비견은 일간과 같은 오행이면서 음양도 같다. 일간 본래의 에너지를 가득 채우고 있는 모습이어서 비견격의 사람들은 일단 고집이 세고

자존심이 강하다. 내부의 집중력이 강해 독립적이고 자기중심적이며 '나와 동등한 사람들'과 함께 무리 지으려는 특징을 가지고 있다. 이러한 특징들로 인해 다른 사람과의 협업보다 독자적으로 행동하는 사업가나 프리랜서가 적합하다. 자존심과 책임감이 강해 일을 처리하고 그 일에 대한 책임을 지는 업무 형태가 적성에 잘 맞는다. 또한 무리 지으려는 성향 때문에 동질성이 있는 그룹에서는 협력, 협동을 잘하며, 자발적으로 실천하고 나눌 수 있는 역량도 지녔다. 하지만 비견격은 자신이 원하는 일을 해야만 만족하고, 은근한 자기 고집과 주장을 내세울 수 있어 대인 관계에 있어서 어려움이 있을 수 있다. 경쟁 심리가 작동되는 환경에서는 양보와 타협 없이 조급한 성향을 보이고, 타인의 사소한 부정적 표현조차 자기 자신에 대한 비난으로 받아들여 대인 관계 스트레스가 크게 나타나기도 한다. 따라서 동업, 협력 같은 환경에서는 긍정적인 타인과의 관계가 중요하다. 배우고 싶은 점이 많은 멘토나 자신의 단점을 보완해 주는 타인과의 교류를 소중하게 여기며 역량을 키워나가야 한다.

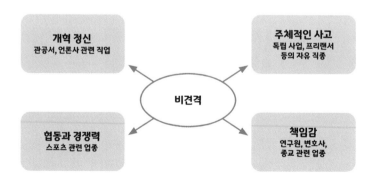

사주명리 속 심리학

겁재격

Keyword: 경쟁자, 대중, 고집, 욕심, 투기, 모험, 순발력, 투쟁심, 활동적, 노력가, 반발심, 배짱, 추진력, 빼앗는 성질

겁재는 일간과 같은 오행이지만 음양이 다르다. 비견과 같이 일간 본래의 에너지를 갖추고 있지만 더 크게 작용한다. 그래서 겁재격의 사람들은 자존심이 매우 강하고 경쟁심과 승부욕이 넘치는 특징을 보인다. 성취 욕구가 강하기 때문에 실패를 두려워하지 않고 도전하며, 경쟁이 치열한 환경에서도 자신만의 투쟁력으로 성공해 나가는 힘이 있다. 다수와 경쟁하면서 자신의 노력으로 성취하는 것에 의미를 둔다. 어떤 일에든 강한 승부 근성과 책임감을 가지고 임하며, 의리 있고 솔직한 성격으로 강자에게는 강하고 약자에게는 온유하게 배려하는 심성을 가지고 있다. 하지만 욕심이 많고 지배 욕구가 강하며 조직에서 분리, 이탈하려는 욕구가 있어 독립적인 자유 직종이나 전문적이고, 특수한 재능을 살리는 직업이 적합하다. 겁재격은 경쟁의 환경에 매우 민감하기 때문에 내 것을 빼앗길 수 있다는 두려움이 무의식적으로 작용하고 있다. 그래서 약해 보이지 않기 위해 타인에게 적대감과 공격성을 나타내기도 한다. 누군가를 이겨서 자신을 과시하는 것으로 카리스마를 추구하여 다툼과 오해가 생기기도 한다. 타인과의 관계에서는 지나친 경쟁과 승부욕보다 함께 이루어나가는 협력적 관계를 지향하고, 솔직하고 대담한 용기를 바탕으로 진실한 내 편을 만들어 가는 것이 중요하다.

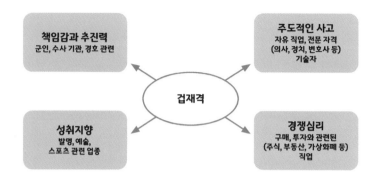

격국에 따른 직업 가치와 관련된 사례

●

다음은 격국과 관련한 사례들이다. 격국은 명주의 적성과 적합한 직업양상 등을 추론하고, 사회적 행동 양식과 강점을 이해하는 데 매우 유용한 이론이다. 또한 고유한 격의 특징들이 심리적으로 내재화되기 때문에 성격적 특성으로도 발현된다. 독자들의 이해를 돕기 위해 격의 특징들이 원국 내에서 또는 운과의 작용에서 일어날 수 있는 사례를 중심으로 살펴보았다.

돈이야 명예냐 그것이 문제로다: 명리적성유형

이번 장에서는 '격의 유형'을 알아보고자 한다. '격국' 이론을 바탕으로 한 나의 정해진 '격'이 중심이 되지만, 사주를 이루는 글자들은 유기적인 관계를 맺고 있기 때문에 다른 글자들의 영향을 많이 받는다. '격'도 예외는 아니다. 사주명리에서는 이런 관계들을 파악하여 '격국'의 유형을 나누어 보기도 하는데, '식상생재'와 '관인상생'이 큰 주축이 된다. 고서를 통해 보면 예로부터 사주명리를 통해 길흉을 논했었기 때문에 '격'에 따라 반기는 글자가 있으면 길한 사주로 보았다. 만세력을 통해 나의 '격'을 확인했다면 이번 장에서는 지지의 글자들 중에 나의 '격'을 도와 더 좋은 흐름을 만들어 주는 글자가 있는지 살펴보자.

1. 식상생재

식상을 '격'으로 쓰는 사주는 비겁과 재성의 구성이 어떠한지 보아야 한다. 비겁이 있다면 힘 있는 식상의 에너지를 표출할 수 있을 것이고, 재성이 있다면 식상의 활동들을 재물로 성취할 수 있기 때문이다. 명리에서는 이런 사주의 구성을 '식상생재'라고 부른다. 비겁이 '격'이어도 식상과 재성으로 흐르는 유형을 모두 포함한다.

위 사주의 경우 '비견격'에 지지의 글자들이 식신과 정재로 구성되어 있다. '식신생재'의 구조로 짜여 있어 생산력과 경제 활동에 있어 선천적으로 우수한 강점을 가지고 있다. 실제로 위 사주의 명주는 성실

함과 꼼꼼한 분석력이 강점이어서 교육과 입시 관련한 컨설팅에 관심을 가지고 활동 중이었으며, 안정적인 경제 활동을 추구하였다. 타인이나 조직의 인정보다는 자신의 재능과 노동력으로 보수가 주어지는 직업을 선호하며 좀 더 안정적인 환경을 위해 이직을 준비하는 중이었다. 비견격으로 주체성과 자신만의 전문성을 가지고자 노력하며 성취하는 유형이기에 보수적인 관료체계가 있는 조직보다 자유도가 높은 전문직이 더 적합하다.

'식상생재' 유형의 특징들을 살펴보면 일간의 에너지를 표출하는 구조이기 때문에 모든 것이 '내'가 중심이 되어 이루어진다. 자기주장이 강하게 드러나며 자신의 활동을 통하여 반드시 결과를 얻고자 하므로 확실하게 돌아오는 이익에 가치를 둔다. 실리를 추구하는 유형으로 전문직 프리랜서나 사업가와 같이 자신의 영역이 독립적으로 확보되는 환경이 유리하다. 표현력과 연구 능력이 우수하여 판매 및 생산을 겸한 경제 활동에서 두각을 나타낸다. '식상생재'의 구조에서도 다른 십성이 개입하는 상황에 따라 행동 유형은 변화를 보이는데, 관성이 개입되면 조직력을 추구하게 되므로 법인을 설립하거나 브랜드를 활용한 활동을 하게 되고, 인성이 개입되면 자격과 권위를 갖춘 사회적 역할을 추구하게 된다. 에너지의 소모가 강한 구조이므로 심리적 공허와 번아웃을 주의해야 하는 유형이다.[60]

60. 김기승, 정경화. 2021. 《명리상담사를 위한 직업정보 가이드》. 다산글방. p387.

2. 관인상생

관성을 '격'으로 쓰는 사주는 인성이 갖추어져 있는지, 인성을 '격'으로 쓰는 사주는 관성이 갖추어져 있는지를 보아야 한다. 관성은 일간을 제어하고 다듬어 사회 구성원으로서의 역할에 충실하게 하는데, 관성의 힘이 강하게 작용하면 강압적이고 압박감이 높은 환경을 만든다. 인성이 있다면 이런 불안정한 관성의 에너지를 수용하여 일간을 보완시키는 작용을 한다. 또한 관성이 추구하는 권위와 명예는 인성을 통해 갖추어지기 때문에 '관격'인 사주는 인성의 도움이 중요하다. 반대로 인성은 관성이 없으면 자신의 자격과 권위는 이미 가지고 있지만 사회적 환경에서 쓰일 곳을 만나지 못하게 된다. 사회적인 위치를 잘 못 찾을 수 있어 인성은 관성의 도움이 있어야 빛을 발휘할 수 있다. 이렇게 관성과 인성은 서로의 단점을 보완하고 더 높은 명예를 추구하는데 동행하는 십성이다. 명리에서는 이런 사주의 구성을 '관인상생'이라고 부른다.

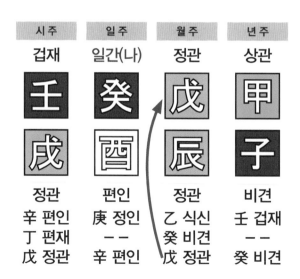

위 사주의 경우 '정관격'에 지지의 글자들이 정관과 편인으로 구성 되어 있다. '관인상생'의 구조로 짜여 있어 조직력과 체계적인 활동에 있어 선천적으로 우수한 강점을 가지고 있다. 위 사주의 명주는 건설 회사의 현장 관리 업무를 맡고 있다. 까다롭고 거친 성향의 현장 인력 들을 편인의 순발력과 재치로 수용하며 리더십을 발휘하고 있다. 하지 만 '관격'이 가지는 보수적이고 권위적인 사고와 행동 양식이 강하게 작용할 때는 조직과 타인과의 관계에서 심리적 압박감을 많이 느껴 힘 들어지는 유형이다. 자신이 관리하는 업무에서 이탈이나 위험이 발생 하는 것을 못 견디고 무조건적인 타인의 인정을 추구한다.

'관인상생' 유형의 특징들을 살펴보면 관성과 인성이 일간을 생해 주는 구조로 에너지가 일간에게 유입되는 방향이다. 그래서 내면이 강 하고 원칙주의 성향의 사고방식이 강해 목적의식이 뚜렷하다. 외부의 환경을 중요하게 생각하지만, 환경의 변화에 쉽게 흔들리지 않는 자기 만의 결정력, 판단력이 있어 주어진 과제와 임무를 수행하는 데 흐트러 짐이 없다. 하지만 자신이 통제할 수 없는 상황과 타인에게서 인정받지 못하는 실패 경험을 할 때 매우 취약해지는 유형이다. '관인상생'의 구 조에서도 다른 십성이 개입하는 상황에 따라 행동 유형은 변화를 보이 는데, 재성이 개입되면 관리하는 모습의 양과 부피가 커져 많은 사람을 관리하게 되거나 관리하는 조직의 크기가 커지기도 한다. 식상이 개입 되면 주어진 환경과 조직의 발전적인 개선을 생각하게 되어 새로운 방 향 모색과 변화를 추구하게 된다.[61]

---

61. 김기승, 정경화. 2021. 《명리상담사를 위한 직업정보 가이드》. 다산글방. p341.

'격'은 일간이 가지는 고유한 사상이며 행동 양식이다. '관인상생'이든 '식상생재'이든 주체가 되는 것은 일간이다. 일간이 추구하는 가치와 목적성을 안다면 나와 타인의 삶의 방식이 다른 것이지 어느 쪽도 틀린 것이 아니라는 사실을 인정할 수밖에 없다. '식상생재'격은 '관인상생'격을 비현실적이고 돈도 안 되는 명예와 이상만을 추구하는 실속 없는 사람으로 볼 수 있고, '관인상생'격은 '식상생재'격을 이것저것 재고 따지는 물질만능주의로 생각할 수 있다. 나의 강점이 타인의 약점이 되는 것은 아니다. 각자만의 고유한 방식으로 삶을 살아갈 뿐이다. 나와 타인의 '격'을 인정하고 어우러져 살아가는 '우리'가 되어야 할 것이다.

꿈과 현실의 타협점은 어디일까: 직업 가치관

시주	일주	월주	년주
상관	일간(나)	비견	정인
癸	庚	庚	己
未	子	午	巳
정인	상관	정관	편관
丁 정관	壬 식신	丙 편관	戊 편인
乙 정재	－－	己 정인	庚 비견
己 정인	癸 상관	丁 정관	丙 편관

위 사주의 '격'은 월지 午(오화)의 지장간 己(기토)가 천간에 나타나 있어 己(기토)가 나타내는 십신인 '정인격'이다. 지지의 글자들의 특징을 좀 더 살펴보니 [巳(사화) 午(오화) 未(미토)] 글자가 모여 火국을 이루었다. 庚(경금) 일간에게 火는 관성이다. 지지에 관국이 이루어져 '관인상생' 유형이다. 하지만 子(자수)가 午(오화) 바로 옆에서 대립 구도로 마주 보고 있다. 子(자수)와 午(오화)는 서로 반대편 계절의 가장 강한 기운의 글자다. 겨울과 여름이 대립하는 모습으로 명주는 사회적 활동에 있어 관성과 상관의 갈등적 요소를 내재하고 있을 가능성이 크다. 관성은 체계적이고 조직적인 환경을 추구하므로 개성 있고 창의적인 활동성을 가지는 상관의 기운을 제대로 발휘하지 못하도록 억제하고 방해하며 갈등 상황을 조성할 것이다.

위 사주의 명주인 30대 초반의 은지 씨는 2년 정도 다니던 직장을 퇴사하면서 실업 급여를 받게 되어 쉬면서 취업에 대해 고민하고 있었다. 하지만 항상 바쁘게 일과 공부, 아르바이트를 해오던 은지 씨는 집에 있는 시간이 길어질수록 불안감도 커져 쉼이 주는 즐거움보다 마음의 무거움이 훨씬 큰 상태였다. 은지 씨는 초등학생 때 피아노를 배우면서 일찍이 진로를 결정했기 때문에 자신의 재능을 잘 살려 진학했고, 학비와 레슨비에 대한 걱정 없이 대학원까지 진학했다. 대학원 2학기 차에 아버지가 하시던 사업이 큰 손실만 남긴 채 문을 닫게 되었고, 은지 씨는 생활비를 벌기 위해 피아노 레슨을 시작했다. 책임감이 강한 은지 씨는 아이들을 가르치는 일도 잘 해내었다. 학원과 개인레슨까지 병행했지만, 고정적인 수입이 보장되지 않았고 대학원 등록금을 감당하기엔 턱없이 부족했다. 결국 휴학이 더 이상 연기되지 않아 대학원에선 제적되었고, 냉혹한 현실이었지만 일단 고정적인 수입이 중요했던 은지 씨는 단순한 업무 처리를 하는 사무실에 취업을 했다. 정해진 월급이 있어 일단 마음이 놓였다. 그렇게 2년 동안 직장 생활을 하고 퇴직을 하게 되자 은지 씨가 마주하게 된 가장 큰 고민은 '무슨 일을 하면 안정적인 월급을 받을 수 있을까'였다. 자신이 무엇을 원하는지, 무엇을 좋아하는지, 무엇을 잘하는지 은지 씨는 까맣게 잊고 있는 것 같았다.

은지 씨와 같이 사주원국에 '격'을 극하는 구조가 있을 때 직업 선택에 있어 항상 갈등이 되는 요소가 존재할 수 있다. 그런 부분이 원국에 드러나기도 하지만 운과의 여러 작용을 통해 발현되기도 한다. 은지 씨의 경우 '나의 재능 vs 현실적인 안정'의 문제로 귀결되지만, 대부분의 사람들도 '내가 하고 싶은 일 vs 돈이 되는 일'에 대해 고민하고 이직을 하며 직업의 변화를 겪는다. 현대 사회는 이전보다 직업의 범주가 복잡하고 다양해졌기 때문에 자신이 보람과 행복을 느낄 수 있는 직업을 선택한다는 것이 쉽지만은 않다. 직업을 선택하는 과정에는 심리학적인 여러 요인들이 존재하지만 그중에서도 '직업 가치관'이 가장 결정적인 영향을 미치는 것으로 연구되고 있다.

직업 가치관(occupational values)은 직업에 대해 개인이 가지고 있는 태도를 말하며, '어떠한 일 또는 직업에 대하여 어떠한 생각을 갖고 있고, 어떠한 가치를 부여하며, 선택의 기회가 주어졌을 때 어떤 기준을 가지고 무엇을 선호하는가' 하는 것을 포괄하는 개념이다.[62] 다음의 표를 보

62. 배현정. 2022. 〈대학생의 직업가치관과 진로준비행동 간의 관계에서 취업불안의 매개효과〉. 동아대학교교육대학원 석사학위논문. p8.

고 나의 직업 가치관은 어떠한지 알아보자. 먼저 아래의 질문을 읽고
해당되는 곳에 표기한다.

문항	문항 내용	전혀 그렇지 않다	그렇지 않다	보통 이다	그렇다	매우 그렇다
1	나는 직업 선택 및 결정에 있어 보수를 중요시한다.	①	②	③	④	⑤
2	나는 직업 선택 및 결정에 있어 명예나 지위를 중요시한다.	①	②	③	④	⑤
3	나는 직업 선택 및 결정에 있어 경제적 안정을 중요시한다.	①	②	③	④	⑤
4	나는 직업 선택 및 결정에 있어 노동 환경을 중요시한다.	①	②	③	④	⑤
5	나는 직업 선택 및 결정에 있어 능력 발휘를 중요시한다.	①	②	③	④	⑤
6	나는 직업 선택 및 결정에 있어 성취감을 중요시한다.	①	②	③	④	⑤
7	나는 직업 선택 및 결정에 있어 사회 봉사를 중요시한다.	①	②	③	④	⑤
8	나는 직업 선택 및 결정에 있어 적성과 흥미를 중요시한다.	①	②	③	④	⑤

표기했다면 1~4번까지 총점과 5~8번까지 총점을 각각 구한다.
1~4번까지의 총점은 '외재적 직업 가치관'의 점수를 나타내고, 5~8번
까지의 총점은 '내재적 직업 가치관'의 점수를 나타낸다. 직업 가치관
은 내재적인 영역과 외재적인 영역으로 구분하여 볼 수 있다. 내재적
측면의 가치들은 직업을 통해 자신의 능력을 발휘하고 이상을 추구하
며 자기를 표현하고자 하는 것으로 직업 자체의 의미에 중점을 둔다.
반면 외재적 측면의 가치들은 경제적인 이익과 권력 추구, 사회적 인식
을 중시하는 등 직업을 도구적 가치로 보고 금전적 및 물질적 보상이
나 조건에 더 큰 의미를 둔다.

'격'에 따라 추구하는 가치의 영역이 크게 차이가 날 수도 있지만
직업선택에 있어 이 두 영역은 모두 중요한 가치다. 꿈과 이상을 실현
시키기 위한 직업선택이 현실적으로 불안정한 조건이라면 좀 더 안정
적인 환경을 구축하기 위한 방법을 고민하게 될 것이고, 조건과 보상만

을 최선의 가치로 생각하여 결정한다면 직업에 대한 회의감과 공허함을 피할 수는 없을 것이다. 명리에서는 대운의 흐름에 맞춰 자신의 '격국'에 가장 알맞은 직업을 선택하도록 조언한다. 계절에 알맞게 순리대로 사는 것을 최선의 가치로 여기기 때문이다. 하지만 주어진 계절에 어떤 선택을 하느냐는 오로지 한 개인의 의지에 달려 있다. 내가 원하는 것과 잘하는 것을 파악하고, 현실적이고 합리적인 사고를 통한 선택 또한 순리에 맞춰 사는 하나의 방법이 될 것이다.

결혼과 육아로 잊었던 나의 정체성: 자기 효능감

위 사주의 '격'은 월지 丑(축토)의 지장간 辛(신금)이 천간에 나타나 있어 辛(신금)이 나타내는 십성인 '편인격'이다. 지지의 글자들이 관성과 인성으로 짜여 '관인상생' 유형이다. 시주의 식신은 편인과는 반대편에 있어 서로 견제하고 제어하는 양상을 나타내고 있다. 이렇게 극의 관계에 있는 십성이 개입되어 있을 땐 각 글자가 가지는 공통된 속성을 비교, 유추하여 흐름을 만들어 더 큰 시너지를 만드는 것이 중요하다. 식신과 편인의 공통된 속성은 '흥미와 몰입'이다. 자신이 흥미를 가지는 일에는 무섭게 몰입하여 성과를 낸다. '관인상생' 유형에 식상이 개입되면 주어진 환경에 새로운 방향 모색과 변화를 추구하게 되니, 편인의 독특한 사고를 식신이 가지는 따스한 기운으로 표출할 수 있는 직업군이라면 성취에 유리할 것이다.

위 사주의 명주인 40대 초반의 선영 씨는 20대 중반의 이른 나이에 결혼한 후 다니던 직장을 퇴사하고 육아에 전념하며 지냈다. 예술적 감각이 뛰어나 대학에서 의상 디자인을 전공했고, 가사 활동에 전념하면서도 인테리어에 흥미가 많아 셀프 인테리어로 집을 꾸미는 등 다재다능함을 뽐내는 사람이다. 자녀들이 어느 정도 자라면서 교육과 양육에서 조금 자유로워졌고, 스스로 자존감을 찾고자 하는 욕구가 강해져 자신을 위해 의미 있는 삶을 살고 싶은 마음이 커졌다. 하지만 결혼 전에 잠시 다녔던 회사가 사회생활의 마지막이었으니 직업에 대해 어디서부터 접근해야 할지 막막하기만 했다. 10년도 넘게 지났는데 다시 사회의 구성원으로서 직업을 가지고 경제 활동을 한다는 것이 마음과는 다르게 너무 먼 세상의 이야기 같았다. 선영 씨는 고민하다 아이들을 키우면서 자신이 잘할 수 있었던 일들을 생각해 냈고, 교육대학원에 진학하기로 했다. 대학 때의 전공 학과도 다르고 관련 분야의 경력도 없으니 장기적으로 안정적인 취업을 위해선 공부를 더 해야겠다는 판단이었다. 설레는 마음으로 입학했고 열정 또한 남달랐지만, 선영 씨는 왠지 모르게 다른 동기들에 비해 자신이 못하는 게 너무 많고 느린 것 같아 점점 소심해지고 위축되어 갔다. 개인적 발표는 가장 나중에 할 수 있는 순서로 선택했고 발표일 2~3주 전부터는 긴장되고 불안함이 높아졌다.

선영 씨의 경우 대운의 지지에서 인성운을 만나 학업과 관련되는 성취는 주어졌지만, 인성이 원국의 식신의 기운을 억압하기 때문에 생동감과 활력이 매우 떨어져 현재 상황에서의 위축감과 불안으로 나타났다. 이렇게 명리적인 원인은 인성의 부정적 작용으로 볼 수 있지만, 선영 씨와 같이 경력단절 여성이 학교나 회사와 같은 사회로 재진출 했을 때, 진입 초반에 심리적 어려움을 많이 겪는다. 경력 단절 이후에 새로운 직업을 찾거나 노동 시장에 재진입하기란 현실적으로 쉽지만은 않다. 도전하고 시도하는 과정에서부터 사회적, 경제적으로 한계를 경험하기도 하고 자신감을 상실하며 좌절감을 느끼기도 한다. 이전과는 다른 낯선 환경에 적응해야 하고, 이제까지 자신이 해왔던 일과는 다른 새로운 업무와 방식을 배우고 익히는 과정에서 유능감이 매우 낮을 수 있기 때문이다. 이런 상황에서 우리가 가장 중요하게 지켜내야 하는 것은 바로 '자기 효능감(Self-Efficacy)'이다. '자기 효능감'은 어떤 일을 수행할 때 내가 얼마나 잘 해낼 수 있을지에 대한 스스로의 주관적이고 판단적인 인식을 말한다. 자신의 유능성에 대한 믿음으로도 설명될 수 있다. 성공 경험이 많은 개인일수록 유능성이 높고, 자기 효능감이 높게 나타난다. 진로 결정에 있어서도 자기 효능감은 매우 중요하게 작용한다. 효능감이 높아야 스스로에 대한 믿음을 바탕으로 적극적인 직업 선택 활동을 할 수 있기 때문이다.

진로와 관련한 자기 효능감을 '진로 결정 자기 효능감'이라고 한다. '진로 결정 자기 효능감'은 자신의 진로와 관련된 의사 결정을 하는 과정에서 중요한 선택을 할 때 성공적으로 할 수 있다는 믿음과 자신감을 의미한다.[63] 아래의 표는 '진로 결정 자기 효능감'을 살펴볼 수 있는 리스트다. 재취업을 위해 직업 선택에 대한 고민이 있다면 나의 '진로 결정 자기 효능감'은 어떠한지 확인해 보자.

진로 결정 자기 효능감 check list	V
내가 관심 있는 직업들에 대한 정보를 도서관이나 인터넷에서 찾을 수 있다.	
마음에 두고 있는 직업 목록들 중에서 한 가지 직업을 선택할 수 있다.	
힘든 상황 속에서도 내가 선택한 진로 목표를 이루기 위한 일들을 지속적으로 수행할 수 있다.	
나에게 이상적인 직업이 무엇인지 알 수 있다.	
내가 선호하는 생활 방식에 맞는 진로를 결정할 수 있다.	
나는 나의 이력서를 잘 쓸 수 있다.	
직업 선택과 관련된 여러 가지 가치들에 대해 나는 우선순위를 정할 수 있다.	
생각하고 있는 직업의 평균 수입과 연봉을 알아 볼 수 있다.	
진로 결정을 하고 나면 그것이 잘 한 것인지 못한 것인지에 대해 걱정하지 않는다.	
선택한 진로가 만족스럽지 않으면 바꿀 수 있다.	
진로 목표를 달성하기 위해 내가 어떤 희생은 감수할 수 있고 어떤 것은 어려운지를 구분해 낼 수 있다.	
나는 내가 관심 있는 진로를 선택할 수 있다.	
나의 적성이나 능력에 맞는 직종과 관련된 기관이나 기업에 대해 알아볼 수 있다.	
직업 관련 기관에 대해 정보를 찾을 수 있다.	
취업 면접과 관련하여 필요한 절차들을 잘할 수 있다.	
처음 선택한 진로나 분야가 불가능하다면 다른 진로의 대안들을 생각해 볼 수 있다.	
진로 결정 자기 효능감 척도 단축형(CDMSES-SF) 참고	

63. 박미화. 2021. 〈직업훈련에 참여 중인 경력단절여성의 진로 결정 자기 효능감, 진로장벽지각, 사회적지지가 경력개발행동에 미치는 영향〉. 전주대학교상담심리대학원 석사학위논문. p9.

체크한 항목이 많을수록 '진로 결정 자기 효능감'이 높은 것으로 해석된다. 10개 미만이라면 좀 더 자신감을 가지고 적극적으로 진로 탐색을 위한 계획들을 세워 보는 것이 좋겠다. 관심 직업군에 대한 정보와 자료를 수집하고, 이력서와 자기소개서 등의 서류를 점검하고, 면접에 대비한 준비도 해야 할 것이다. 준비하는 만큼 효능감도 높아질 것이다. '진로 결정 자기 효능감'의 항목을 빌려 가장 강조하고 싶은 것은 다음의 두 가지다.

첫째, 힘든 상황 속에서도 내가 선택한 진로 목표를 이루기 위한 일들을 지속적으로 수행할 수 있어야 한다. 우리 삶은 항상 장애물이 생기고 마음 먹은 대로 안 되는 경우가 대부분이다. 그럴 때 쉽게 포기하거나 자책감에 빠지지 않기를 바란다. 목표한 것을 융통성 있는 자세로 꾸준하게 해나가는 태도가 쌓이고 모여 유능감이 되고 실력이 된다.

둘째, 처음 선택한 진로나 분야가 불가능하다면 다른 진로의 대안들을 생각해 볼 수 있어야 할 것이다. 모든 문제에 있어 대안들은 얼마든지 있지만 우리 마음이 그것을 찾지 못하는 경우가 많다. 불가능한 진로에 대한 좌절감이 다른 가능성을 막고 있는 것은 아닌지 살펴볼 필요가 있다.

좋은 대학이 행복을 보장해 주진 않아: 진로 의사 결정

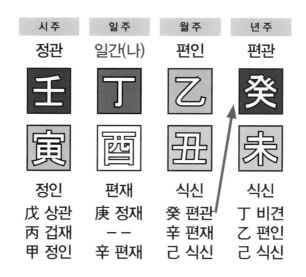

위 사주의 '격'은 월지 丑(축토)의 지장간 癸(계수)가 천간에 나타나 있
어 癸(계수)가 나타내는 십성인 '편관격'이다. 지지와 천간의 글자 중에
인성이 나타나 있어 '관인상생' 유형이다. '편관격'은 매우 영리하고 추
진력과 승부욕이 강하며 자신의 권위와 체면을 무엇보다 중요하게 생
각한다. 인성이 꼭 필요한 격이다. 인성이 편관의 강한 성향을 수용해
주어 강점이 잘 발현되도록 해 주기 때문이다. 위 사주의 명주는 대운
의 지지에 卯(묘목) '편인'이 들어와 천간의 乙(을목) '편인'이 가지는 지향
성을 실현시켜 주게 되는데, 시기적으로 대학과 사회 초년생을 '편인'
의 배경으로 사는 환경이 만들어진다. '편인' 운에서는 새로운 분야나
지식에 대한 호기심이 많아지고 적극적으로 배우려고 하며, 예술이나

기술 분야에서 성취가 이루어진다.

위 사주의 명주인 수진 씨는 고3 대학수학능력평가에서 평소보다 점수가 크게 떨어져 재수를 선택했다. 수진 씨가 본 수능은 흔히 말하는 불수능이었다. 모든 학생들의 점수가 하향 평준화되었고, 대학들의 전공별 합격 기준도 조정되었지만, 수진 씨는 자신의 수능 성적을 받아들이기 힘들었다. 모의고사 때 정도의 점수만 됐어도 서울의 ○○대학을 갈 수 있었을 텐데 하는 아쉬움과 수능 성적을 망쳐버린 자신의 능력을 인정하고 싶지 않아 결국 재수를 선택했다. 수진 씨는 자신이 무엇을 하고 싶은지, 무엇을 잘하는지는 신중하게 생각해 본 적이 없다. 목표로 하는 대학은 '서울에 있는 누가 들어도 알 만한 대학교'다. 이제까지 중고등학교 시절을 생각해 보면 마음먹고 공부하면 성적은 우수하게 나왔고, 대외 활동에 나서면 친구들의 부러움과 관심을 집중적으로 받는 편이었다. 친구들 사이에서는 의리 있고 멋진 친구로 통하며 모임이 있을 때면 항상 중심에 있었다. 이렇게 활동적이고 자신감 넘치던 수진 씨는 재수를 한다는 사실을 아무에게도 알리지 않았고, 공부에 집중하기 위해 외부와의 접촉도 거의 하지 않았다. 하지만 시간이 지날수록 성적이 오를 거란 자신감보다 이번 수능에서도 작년과 비슷하거나 더 낮은 점수를 받을 것만 같아 초조하고 불안감이 주체할 수 없을 정도로 높아져 심리적으로 매우 고통감을 느끼고 있었다.

'편관격'은 심리적으로 매우 큰 타격감을 가진다. 외부로 발산되는 카리스마 있는 에너지가 반대로 자신에게 냉혹한 비판자가 되어 작용하기 때문이다. 타인의 가치 기준이 내면화되어 있어 진정한 자신의 정체성을 잃어버릴 수 있는 취약성을 가지는 '편관격'은 스스로의 가치

사주명리 속 심리학

기준을 어디에 두느냐가 매우 중요하다. 진로와 관련해서 이 부분은 더욱 중요한 의미를 가진다. 직업은 개인의 사회 경제적 지위, 삶의 방식과 정서적 만족감 등에 큰 영향을 미치기 때문에 직업을 선택함에 있어 스스로의 가치에 따라 의사 결정을 하는 것은 매우 중요할 수밖에 없다. 대학 입시, 첫 취업, 이직 그 이후에도 나의 흥미와 관심 또는 환경적 변화에 따라 진로 전환을 하는 것은 인생 전반에 걸쳐 일어난다. 이러한 직업적 변화와 선택의 시점에서 가장 중요한 요인은 개인이 가지는 '의사 결정 능력'이다.

진로와 관련한 '진로 의사 결정(career decision making)'은 직업과 진로에 대한 정보를 조직하고, 검토하여, 진로 선택을 위한 행동 과정에 전념하는 심리적인 과정을 말한다.[64]

Gati와 Asher(2001)은 기능적인 '진로 의사 결정' 과정을 3단계로 나누어 설명하였다. 진로와 직업에 대한 불확실함으로 고민하고 있다면, 다음의 과정을 따라 탐색해 보고 합리적인 의사 결정을 시도해 보길 바란다.

1단계는 사전 선별 단계다. 사전 선별 단계에서는 '심층 탐색'을 할 만한 가치가 있는 잠정적 대안을 선별하는 것을 목표로 한다. 진로와 직업 관련 사항을 파악하여 선택된 사항들을 중요도에 따라 순서를 매긴 후 각각 절충될 수 있는 범위와 최적 수준을 정한다. 개인적으로 선호하는 직업 특성과 대안들의 특성을 비교해 보고, 잠정적으로 유력한 대안들을 선정한다. 2단계는 심층 탐색 단계다. 심층 탐색 단계에서는

---

64. 황윤미. 2013. 〈진로의사 결정의 방법, 단계, 유형이 대학생 진로의사 결정의 질에 미치는 영향〉. 건국대학교대학원 박사학위논문. p10.

유력한 대안들의 위치를 정하는 것이 목표다. 이 단계에서는 하나의 대안에 초점을 맞추어 부가적인 정보를 모은다. 또한 새로 알게 된 정보를 바탕으로 자기 탐색을 다시 시도해 볼 수 있다. 3단계는 선택 단계다. 이 단계에서는 자신의 선호도와 수용 능력을 고려한 가장 적합한 하나의 대안을 선택하고, 선택한 대안이 실행될 수 있는지를 명확히 한다. 실현 가능성이 낮다고 판단되면 심층 탐색 단계에서 괜찮다고 생각했던 대안들의 적합성을 재검토해 본다.

'진로 의사 결정'을 위한 진로와 직업 관련 정보가 부족하다면 고용노동부와 한국고용정보원이 운영하는 워크넷(work.go.kr)과 한국직업능력개발원이 운영하는 커리어넷(www.career.go.kr)을 이용해 보는 것을 추천한다. 워크넷과 커리어넷은 구인구직 정보와 직업, 진로 정보를 제공하는 대한민국의 대표적인 취업정보 사이트로 국민의 진로 개발을 지원하기 위한 채널들을 지향하고 있다. 학과 정보를 포함한 직업 정보와 진로 결정을 위한 심리 검사, 진로 상담, 진로 동영상, 진로 교육 자료 등을 무료로 제공하고 있다. 명리를 통해 선천적인 나의 행동 양식을 이해했다면 강점을 살린 현실적인 직업 선택으로 이어지도록 하는 것이 중요하다. 그러기 위해선 적극적으로 정보를 모으고 합리적인 의사 결정 과정을 거쳐 도전하고 실행해야 한다.

PART 5

궁합
宮合

인간관계

궁합이란?

•

    궁합은 결혼을 앞둔 남녀의 사주를 대조하여 부부로서 결혼 생활이 어떠할지 길흉을 미리 알아보는 것으로 한국 사회의 오랜 관습적 문화 중 하나다. 전통 사회에서는 결혼을 결정하는 데 궁합이 절대적인 영향을 미쳐서 궁합이 좋지 않은 경우에는 결혼이 이루어지기 어려웠다. 하지만 궁합은 원만한 결혼 생활을 할 수 있는지에 대한 명리학적 판단에 불과하다. '좋다 나쁘다'가 중요한 것이 아닌 사랑하는 사람과의 소중한 관계를 위해 '어떻게 노력하여 맞춰갈 수 있을까'를 알기 위한 방법으로 생각해야 한다. 또한 한 개인은 가족의 구성원으로서의 역할과 사회적 위치에 따른 역할을 동시에 해나간다. 따라서 궁합의 길흉 여부 또한 부부, 이성 간의 관계에만 적용되는 것이 아닌 부모와 자식과의 궁합, 친구와의 궁합, 직장 상사와 동료와의 궁합 등 사회적인 다양한 관계에서도 적용된다. 명리를 통해 나와 특정 대상의 성격과 행동 양식의 관계를 아는 것으로부터 '나와 다름'을 이해한다면 일방적으로 가지는 불필요한 오해나 다툼은 감소할 것이다.

    인간관계에서 오는 심리적 소모는 개인의 성향에 따라 특정한 상황이나 상대방의 중요도에 따라 다르게 체감된다. '저 사람은 나랑 안 맞아'라고 가볍게 생각할 때도 있지만, '저 사람은 나에게 일부러 이렇게

          사주명리 속 심리학

행동하는 걸 거야'라고 나의 특정 문제와 결부시켜 심리적 건강 상태를 악화시킬 때도 있다. 이렇게 무게의 경중은 있지만 인간은 여러 관계에서 오는 감정과 사고를 항상 대면해야 한다. 이번 장에서는 사주명리의 궁합론을 통해 특정 대상과의 관계를 이해하고, 보편적인 사례를 통해 내가 가진 역량을 인간관계에서도 지혜롭게 발휘할 수 있는 심리학적 유형과 태도들에 대해 알아보고자 한다.

궁합 3요소 알아보기

●

    사주명리에서는 오행의 중화를 가장 우선적인 가치로 여긴다. 두 사람 간의 관계를 추론하는 궁합에서도 이는 가장 근본적인 바탕이 된다. 궁합의 대상이 되는 명주끼리 부족한 오행의 기운이 서로 보완되고, 계절의 감각이 잘 맞는다면 궁합이 좋은 것으로 감명한다. 이 외에도 명리의 다양한 이론을 바탕으로 추론하게 되는데, 일주(日柱)의 관계, 조후의 균형, 서로의 격국과 사주의 흐름을 원활하게 해 줄 수 있는 십성의 유무, 대운의 흐름이 서로 균형 있게 흘러가는지를 보고,[65] 일지가 다른 지지의 글자들과 또는 상대의 지지 글자들과 형, 충, 파, 해가 성립되는지 원진, 귀문과 같은 신살에 해당되는지도 파악한다. 본 고에서는 일간을 기준으로 크게 궁위(宮位), 육신(六神), 용신(用神)에 의한 관점으로 구분하여 살펴보고자 한다.

---

65. 박성희. 2013. 〈사주명리를 이용한 궁합연구〉. 《한국정신과학회 학술대회논문집》, 191–221. p194–195.

궁위(宮位) 궁합론

시주	일주	월주	년주
실(實)	화(花)	묘(苗)	근(根)
열매	꽃	싹	뿌리
자식	배우자	부모, 형제	가문, 조상
노년기	중년기	청년기	유년기

근묘화실로 보는 궁(宮)의 의미

사주명리에서는 생년월일시의 사주를 나무의 근묘화실(根苗花實)에 비유한다. 년주(年柱)는 근(根)으로서 나무의 뿌리에 비유하며 가문과 조상을 의미한다. 월주(月柱)는 묘(苗)로서 나무의 싹에 비유하며 부모와 형제를 의미한다. 일주(日柱)는 화(花)로서 나무의 꽃에 비유하며 명주 자신과 배우자를 의미한다. 시주(時柱)는 실(實)로서 나무의 열매에 비유하며 자식과 후손을 의미한다.

궁위를 통한 궁합에서는 부부의 정신적, 육체적 합의 여부에 초점을 두어 배우자 궁인 일지(日支)를 서로 비교하여 합(合)하거나 생(生)하는 관계를 긍정적인 요소로 보고, 충(衝)하거나 극(剋)하는 것은 부정적인 요소로 본다. 일지는 배우자 궁으로서 일지의 길흉이 배우자 복에 영향을 미친다는 것이 명리학의 정설이다. 이와 같은 이론을 바탕으로 시지의 글자로는 자녀 또는 아랫사람과의 궁합을, 월지의 글자로는 부모 또는 윗사람과의 궁합을 추론해 볼 수 있다.

육친(六親) 궁합론

비견	자매
겁재	남자형제, 시아버지

정인	조부, 사위, 손자
편인	어머니

식신	딸, 조모
상관	아들

여명(女命)의 육친(六親) 소속표

정관	남편
편관	며느리

정재	아버지
편재	시어머니

비견	형제
겁재	누나, 여동생

정인	어머니
편인	조부, 장인

식신	사위, 손자
상관	조모, 장모, 손녀

남명(男命)의 육친(六親) 소속표

정관	딸
편관	아들

정재	처(부인)
편재	아버지

사주명리에서 십성(十星)을 육친(六親)이라고도 하는데, 육친은 주로 부모, 형제, 배우자, 자식과 같은 가족 관계를 해석하는 요소다.

남명은 정재를 아내로 보고, 여명은 정관을 남편으로 본다. 육친 궁합론의 관점에서는 남자의 처성(妻星)인 재성과 여자의 부성(夫星)인 관성이 생조를 받는 구조이면 길하고, 파극되는 구조이면 흉하다고 보는 것이 일반적이다.[66] 마찬가지로 성별에 따른 해당 육친을 보고 부모 또는 자식과의 관계를 파악해 볼 수 있다. 남명에게 자녀는 관성, 여명에게 자녀는 식상이 되며, 남녀 모두 인성은 어머니, 재성은 아버지다.

용신(用神) 궁합론

사주명리에서 '중화(中和)'는 사주팔자에서 음양오행의 균형과 조화로움을 말한다. 사주원국과 대운의 흐름에서 중화가 이루어지는가에 따라 명주의 길흉화복이 좌우된다고 본다. 용신(用神)은 중화를 이루는 데 필요한 글자를 말한다. 따라서 용신 궁합론은 필요한 음양오행의 보완 여부에 중점을 두며, 두 사람의 사주를 비교하여 서로에게 필요한 용신에 해당하는 오행(五行)을 가지고 있으면 조화로운 궁합으로 보고, 서로에게 필요한 오행을 가지고 있지 않거나 불필요한 오행을 많이 가지고 있으면 흉한 궁합으로 본다. 또한 각자의 사주에서 특정 오행이 없을 때 상대방이 가지고 있으면 좋은 궁합으로 판단하지만, 상대방도

---

66. 남기동, 김만태. 2018. 〈한국사회 이혼현상에 따른 부부궁합 (夫婦宮合)의 명리학적 고찰〉. 《인문사회》. 21, 9(2). p109.

가지고 있지 않으면 보통 궁합으로 본다.[67]

　위와 같이 궁합을 판단하는 여러 가지 이론들이 있으며, 실제 감명에서는 한 가지 이론에 따르기보다 복합적으로 다양한 요인들을 고려하여 판단하게 된다. 남자는 일지에 재성이나 식상이 있는 것이 좋으며, 여자는 관성이나 재성이 있는 것이 좋다. 또한 일지에 용신이 있으면 배우자와 조화로운 관계일 가능성이 높다. 이와 같이 궁합론은 궁위, 육친, 용신 궁합론을 함께 해석하며, 이 외에 형, 충, 파, 해, 신살의 작용도 고려하여 감명하는 것이 일반적이다.

---

67. 나혁진. 2016. 〈명리 궁합론의 현대적 재해석에 관한 연구〉. 국제뇌교육종합대학원대학교 석사학위논문. p24.

궁합을 통해 들여다본 관계 속 심리 패턴

●

　다음은 궁합과 관련한 사례들이다. 궁합은 남녀의 관계뿐만 아니라 가족 관계, 사회적인 관계에도 적용해 볼 수 있다. 궁합론을 통해 상대방과의 관계 양상을 추론하고, 지속적인 관계 발전을 위해 서로 어떤 노력을 하면 좋을지에 대한 정보를 파악한다면 발전적인 관계를 만들어 나가는 데 도움이 될 것이다. 독자들의 이해를 돕기 위해 각 궁합론의 특징을 중심으로 사례를 살펴보았다.

우리 아이와 나의 궁합은?: 부모 양육 태도

　위 두 사주의 특징을 보면 아버지는 임수(壬) 일간에 식신격으로 개성 있고 창의적인 성격 특성을 가진다. 또 인성을 나타내는 금(金)오행이 많은 반면, 재성을 나타내는 화(火)오행이 없어 자기중심적이며 냉소적이고 타인과의 관계에 있어 소극적인 경향성을 가진다. 아들은 병화(丙) 일간에 정인격으로 따뜻한 마음에 진취적인 성향으로 모범적이고 명분을 중요하게 여기는 성격이다. 전체적으로 목생화(木生火)의 구조이면서 재성인 금(金)오행과 관성인 수(水)오행이 없어 실속은 조금 떨어져

아버지

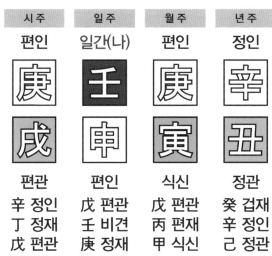

시주	일주	월주	년주
편인	일간(나)	편인	정인
庚	壬	庚	辛
戌	申	寅	丑
편관	편인	식신	정관
辛 정인	戊 편관	戊 편관	癸 겁재
丁 정재	壬 비견	丙 편재	辛 정인
戊 편관	庚 정재	甲 식신	己 정관

아들

시주	일주	월주	년주
정인	일간(나)	편인	겁재
乙	丙	甲	丁
未	午	辰	卯
상관	겁재	식신	정인
丁 겁재	丙 비견	乙 정인	甲 식신
乙 정인	己 상관	癸 정관	--
己 상관	丁 겁재	戊 식신	乙 편인

　　　　　　　　　　　　　　　　사주명리 속 심리학

도 매우 사교적이며 열정적이다. 두 사람의 일간은 수극화(水剋火)의 모습으로 서로 극하는 관계이고, 격국으로도 아들의 정인격은 아버지의 식상격을 극하는 관계로 서로 드러나는 성격과 행동 양식은 어우러짐보다 상충되는 모습이다. 하지만 두 사람 모두 천간에서 인성의 작용이 강하기 때문에 사고의 경향성이 비슷하고, 서로가 없는 오행을 가지고 있어 정서적으로 안정감 있는 관계 형성이 가능하다. 십성으로는 두 사람 모두 재성이 없어 아버지와의 관계에서는 불안정한 모습이므로 어릴 때부터 형성된 아버지상에 대한 탐색이 필요하겠다. 드러나는 모습에선 상극인 궁합처럼 보이지만 유사하게 닮은 꼴 사주이며 서로에게 필요한 관계다.

위 사주의 아들인 경철 씨는 30대 중반으로 어릴 때부터 운동을 했었고 선수로 활동하다 작년에 은퇴를 했다. 은퇴 후 요식업 사업을 시작했지만 무리하게 시작한 사업이 결국 과도한 부채로 이어져 힘든 상황이 계속되고 있었다. 세상에 낙오자로 혼자 버려진 것만 같은 마음에 의지할 곳은 그래도 아버지밖에 없었다. 평소 아버지와는 필요한 이야기 정도만 나누는 아들이지만, 마음 한구석엔 아버지에 대한 애정과 신뢰감을 붙잡고 있었다. 아버지만큼은 자기를 나무라지도 비난하지도 않을 것이라 믿었다. 하지만 아버지의 반응은 예상했던 것보다 냉정했고, 현재는 아버지와 연락도 하지 않으며 지내고 있다. 경철 씨가 아버지에게 바란 것은 경제적인 지원이 전부는 아니었다. 아버지로서 어느 상황에서나 지지해 주는 든든한 버팀목이 되어 주길 바란 것이었다. 경철 씨는 자신의 과오가 아버지와 연을 끊고 지내는 상황까지 만든 것 같은 죄책감과 아버지에 대한 원망이 복잡하게 얽혀 상담실을 찾았다.

어떻게 아버지를 이해하고 노력하면 좋을지, 아버지와의 엉킨 실타래를 풀어갈 수 있을지 실마리를 찾고자 했다.

　부모와의 관계는 태어나서 경험하는 최초의 관계이며 생애 초기 부모의 양육 태도는 자녀들의 행동, 정서, 인지 및 사회성 발달에 결정적인 영향을 미친다. 영유아기부터 청소년기까지는 부모가 제공하는 환경 안에서 성장하기에 부모의 양육 태도에 직접적인 영향을 받는다. 성인이 되어 사회 구성원으로서 주체적인 삶을 이루어 나갈 때는 자신이 성장해 온 환경을 바탕으로 성장하기 때문에 부모의 양육 태도에 직접적, 간접적으로 영향을 받는다. 나아가 자신의 가족을 형성하고 부모가 되면 원부모의 양육 태도를 무의식적으로 답습하는 경향을 보인다. 부모의 성장 환경은 무의식적으로 자녀에 대한 양육 태도로 이어지기 때문이다. 이렇듯 부모가 자녀에게 미치는 영향은 성인이 되어서까지도 지속적으로 의미 있게 작용한다.

　자녀가 아동, 청소년기일 때 많은 부모들이 자녀의 기질과 적성, 진로, 사춘기 자녀와의 관계를 이유로 상담실을 찾는다. 자녀에게 좋은 환경을 제공하고 건강하게 성장하길 바라서일 것이다. 하지만 그 이면엔 자신이 이루지 못한 욕구가 투사되어 있는 경우도 있다. 내면화된 여러 가치 체계들과 심리적 상태가 자녀에 대한 양육 태도로 이어진다. 반대로 자녀가 노년기로 접어든 부모와의 관계에서 어려움을 겪으며 상담실을 찾기도 한다. 유교적 문화가 짙은 한국 사회에서 효(孝)는 부모에 대한 자녀의 자연스러운 가치 행위다. 부모와의 심리적 갈등이나 관계 독립이 해결되지 않았더라도, 자식으로서의 도리는 당연하게 해야 한다는 신념이 자리 잡고 있기 때문에 부모와의 관계에서 갈등과 신념이 서로 절충되지 못하면 죄책감과 심리적 불편감이 수반된다. 부모와 자녀의 관계는 이렇게 평생에 걸쳐 서로 밀접하게 영향을 미친다. 특히 부모의 양육 태도는 자녀가 지각하는 사회적 관계 형성의 기틀이 되기 때문에 매우 중요한 요인이라 할 수 있다.

심리학에서 부모의 양육 태도에 대한 개념은 다양하게 정의되고 있는데, 대체로 부모와 자녀 간의 관계에서 수용적이거나 통제적 또는 방임적인지에 대한 수준을 나타낸다. 다음은 Schaefer의 양육 태도 모형이다. Schaefer(1959)는 애정-거부(Love-Hostility)와 자율-통제(Autonomy-Control)의 두 축을 중심으로 부모의 양육 태도를 4가지(민주형, 방임형, 과보호형, 독재형)로 나눈 순환 모형(Circumplex Model)을 제시하였다.[68] 양육 태도가 이 4가

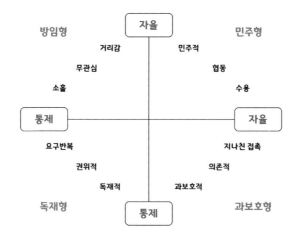

[Schaefer의 양육태도 모형]

---

68. 김성숙. 2012. 〈부모교육워크숍을 통한 부모양육 태도 변화가 자녀 삶의 질에 미치는 영향〉. 선문대학교대학원 박사학위논문. p17.

지 유형으로 국한되는 것은 아니다. 더 구체적인 요인들이 개입하여 형성되는 것이지만, Schaefer의 모델을 통해 범주적으로 확인해 볼 수 있을 것이다. 나의 부모님의 양육 태도는 어느 유형에 가까웠는지, 현재 자녀를 키우고 있다면 나의 양육 태도는 어느 유형에 가까운지 살펴보길 바란다.

1. 거부적-자율적 태도(방임형)

부모가 자녀를 수용하지 못하고 거부적 경향이 높은 경우다. 자녀에 대한 애정이 결핍되어 있고, 자녀의 행동에 무관심하여 냉담하고 태만한 태도를 보인다. 방임적 태도에서 자란 자녀는 반항적이고 공격적이며 주체성이 약해 불안정한 정서와 부적응적 행동을 많이 나타낸다.

2. 거부적-통제적 태도(독재형)

부모는 자녀에게 충분한 사랑을 보이지 않으면서 자녀의 행동을 지나치게 통제하려는 태도다. 체벌이나 심리적인 통제를 통해 복종적인 태도를 강요하기도 한다. 독재적인 환경에서의 엄격한 양육은 자녀의 두려움, 분노, 적대감을 일으켜 사회성 발달을 저해시키며 내면적 갈등으로 인한 고통이 클 수 있다.

3. 애정적-통제적 태도(과보호형)

부모가 애정을 주면서도 자녀의 행동을 통제하는 태도다. 자녀에 대한 의존과 통제가 높은 유형으로 자녀의 생활 전반에 지나친 정도의 걱정과 불안을 가지고 보호하려고 한다. 자녀가 독립적인 행동을 할 때

사주명리 속 심리학

염려, 불안, 좌절감을 느껴 자녀의 새로운 탐색을 제한한다. 과보호형 태도에서 자란 자녀는 의존적이고 자신감이 낮으며, 사교성과 창의성이 낮은 편이다.

4. 애정적-자율적 태도(민주형)

부모가 자녀에게 애정을 갖고 자율적이며 수용적인 태도를 보이는 유형이다. 자녀의 의견을 존중하고 책임감 있는 행동과 자율적 규제를 가르치며 자녀의 잘못된 행동에 대해서 합리적인 설명을 한다. 자녀에게 관심을 갖고 대화를 나누며 자녀를 가정의 의사 결정에 참여시키고 독단적인 의사 결정을 피한다. 이러한 민주적 태도에서 성장한 자녀는 능동적이고 독립적이며 적응력이 높다.

자녀가 성인이 된 후에도 부모의 합리적이고 타당한 통제는 자녀로 하여금 건강한 방식의 문제 해결 방법을 습득하게 한다. 또한 자녀를 독립된 성인으로 존중하며 지지하는 심리적 자원은 자녀가 자신의 결정에 확신을 가지며 삶을 살아갈 수 있는 원동력이 된다.[69] 원부모의 양육 태도가 여전히 자신의 감정과 태도에 영향을 미치고 있지는 않은지 되돌아보고 부정적인 잔해가 남아있다면, 그 잔해가 자녀의 양육 태도로 이어지지 않도록 노력해야 한다. 나와 부모의 관계가 자녀와 나의 관계로 답습되지 않도록 하는 것은 지금, 현재 내가 자녀를 대하는 정서와 태도다. 그와 더불어 원부모의 양육 태도가 어떠했든지 그 영양분으로 지금의 내가 살아가고 있다는 것을 간과해서도 안 된다. 부모-자

---

69. 김수정, 박혜준. 2020. 〈성인이행기 자녀가 지각한 부모양육 태도 유형과 자아정체감의 관계〉. 《한국청소년연구》, 31(1), p225.

녀의 관계는 양방적이며, 순환적, 역동적이다. 자녀와의 대화가 중요하듯 부모와의 대화도 중요하다. 부모와의 대화에서 다음 세 가지 요소를 잘 기억하여 자녀로서의 정체성도 회복해 나가야 한다. 첫째, 부모와의 관계에서 난관과 위기를 겪을 때, 대화의 환경을 조성하며 대화를 지속시키기 위한 노력을 멈추지 말아야 한다. 둘째, 부모와의 관계에서 발생되는 갈등의 원인을 분석하고 대안을 제시해 본다. 자녀로서의 욕구와 부모로서의 기대를 객관적으로 다루는 대화는 서로의 희망 사항을 공유하면서 주제를 확산시켜 나갈 수 있으며, 긍정적이고 발전적인 관계로 나아가는 기초가 될 수 있다. 셋째, 부모의 역사를 이해하고 공감을 바탕으로 대화한다. 이를 통해 부모에 대한 인식의 틀이 확장, 변화되어 갈등 상황이 발생했을 때 능동적으로 대처할 수 있게 된다.[70]

사랑이 전부는 아니에요!: 성인 애착 유형

위 두 사주의 특징을 보면 남명은 경금(庚) 일간에 상관격으로 의리 있고 개성이 강한 성격 특성을 가진다. 천간에 비겁을 나타내는 금(金) 오행이 많아 융통성은 다소 약하지만 주체성이 강하고, 지지에서는 申子(신자) 반합을 하여 수(水)오행을 이루면서 子午(자오) 충을 형성하고 있어 수극화(水剋火)의 구조다. 연령과 대운의 시기에 따라 대조적인 흐름의 과정을 거칠 수 있다. 또한 재성을 나타내는 목(木)오행이 없어 아버

---

70. 최남운. 2018. 〈부모-자녀의 동반성숙을 위한 효대화모형〉. 성산효대학원대학교 박사학위논문.
    p162-163.

사주명리 속 심리학

지, 처(부인)와의 관계는 불안정할 가능성이 있으며, 새로운 것을 추구하고 실행하는 데 있어 소극적인 경향성을 가진다. 여명은 신금(辛) 일간에 정재격으로 꼼꼼하고 분석적이며 성실한 성격이다. 전체적으로 식상생재의 구조이면서 인성의 환경에 있어 따뜻한 마음과 개성 있는 화술이 강점이다. 관성인 화(火)오행이 없어 사회적 자리와 배우자 인연이 약할 수 있다.

두 사람의 일간은 같은 금(金)오행으로 유사한 속성을 공유하고 있고, 격국으로도 남명의 상관격은 여명의 정재격을 생하는 관계로 서로 어우러지는 모습이다. 천간에서 남명의 강한 비겁 기운을 여명의 식상이 유통시키는 역할을 하니 지향하는 방향성이 상충되지 않으며, 서로가 없는 오행을 가지고 있어 정서적으로 안정감 있는 관계 형성이 가능하다. 십성으로 남명에게는 처(부인)를 나타내는 재성이, 여명에게는 남편을 나타내는 관성이 없다. 두 사람 모두 각각의 사주를 보면 배우자 인연이 약하다고 볼 수 있지만, 두 사람이 유사한 형태이기 때문에 오히려 안정감 있는 모습이다.

진희 씨는 친목 동호회에서 영준 씨를 만나 연애를 시작한 지 2년이 다 되어가고 있었다. 관계가 깊어져 갈수록 진희 씨는 이런저런 고민들이 많아져 복잡한 마음으로 상담실을 방문하였다. 진희 씨와 영준 씨 모두 긴 공백기 후의 연애였다. 그래서인지 조심스럽게 친밀한 관계로 발전해 나갔고, 서로의 생활 패턴과 취향을 잘 이해하고 배려하며 매우 좋은 관계를 유지하고 있었다. 하지만 시간이 갈수록 진희 씨는 불안해져 갔다. '지금은 나한테 정말 잘해 주고 다 맞춰주는데, 앞으로도 그럴까? 시간이 더 지나서 나한테 질리면 화도 낼 거고, 다른 여자를 만날 수도 있고, 언젠가는 헤어지자고 하겠지?' 영준 씨가 좋아질수록 불안은 점점 커져 갔고, 이 관계를 놓치고 싶지 않아 진희 씨는 영준 씨에게 더 집중하고 있었다. 데이트를 계획할 때도 영준 씨가 좋아하는 음식과 취미 활동을 위주로 선택했고, 더 예쁘게 보이기 위해, 더 사랑받기 위해, 심리적 물리적으로 많은 에너지를 소모하고 있었다.

타인과 친밀한 관계를 형성하고 소속감과 애착을 느끼려는 욕구는 인간의 가장 근본적인 동기 체계다. 특히, 성인기에 경험하는 이성과의 낭만적 관계(romantic relationship)의 질은 심리적 건강에 많은 영향을 미친다. 만족스러운 '관계의 질'이 결정되는 데는 여러 가지 요인들이 복합적으로 작용하지만, 그중에서도 '성인 애착'은 생애 초기부터 개인의 기질적 특성으로 발전해 온 것으로 친밀하고 밀접한 관계에 많은 영향을 미친다. 애착(attachment)은 주양육자인 부모와의 반복된 상호 작용을 통해 자신과 타인에 대한 심리적 표상이 형성되는 것을 의미하며, 개인마다 다른 성격 특성으로 발전하게 된다.[71] 이는 성인기에 이르면 특정한 사람과의 친밀감을 유지하려는 성인 애착(adult attachment)으로 이어진다. 안정적인 성격 특성으로서의 성인 애착은 다양한 대인 관계 상황에서 일관적인 행동 패턴을 나타내게 하는 요인으로 작용한다. 이와 같은 점을 고려하면 사주명리에서 연인 또는 부부관계의 궁합을 살필 때 부모와의 관계가 안정적인지, 대운에서 유아동기에 어떤 환경에서 성장했는지도 구체적으로 살펴야 한다. 대표적으로 설명되는 성인 애착 이론에서는 불안과 회피, 두 축을 중심으로 안정형, 거부형, 집착형, 두려

---

71. 정진, 미유, 현실. 2013. 〈성인애착유형과 공감수준에 따른 부부 갈등해결전략의 차이〉. 《Korean Journal of Counseling》, 14(3), p1537.

움형의 4가지 유형으로 나눈다.

먼저 중심 축이 되는 불안은 타인에게 거절당하거나 버려질 것에 대한 두려움의 정도를 나타내며, 불안 수준이 높을수록 두려움을 없애기 위하여 솔직한 자신의 표현을 하지 못하고 타인의 관심과 인정에 대한 과도한 욕구를 보인다. 상대적 축이 되는 회피는 타인과 친밀해지고 의존하는 것에 대한 두려움의 정도를 나타내며, 회피 수준이 높을수록 타인에 대한 친밀감에 불편함을 느끼며, 관계에서 진솔한 자기 개방을 하지 못하고 과도한 자기 의존성을 가진다.[72]

불안과 회피의 정도에 따라 4가지 유형으로 나누어 볼 수 있다. 첫째, 안정형은 불안과 회피가 모두 낮은 유형이다. 자신을 가치 있게 생각할 줄 알고 타인에 대해서도 긍정적이며, 원만한 상호 작용을 이룬다. 둘째, 집착형은 불안이 높고 회피는 낮은 유형이다. 타인에 의해 버림받거나 거절당할 것에 대한 두려움이 커서 관계에 과도하게 몰입하거나 집착하는 경향을 보인다. 셋째, 거부형은 불안이 낮고 회피가 높은 유형이다. 타인에 대한 믿음과 신뢰가 없기 때문에 친밀한 관계를 불편해하고 대인 관계에 거리를 둔다. 넷째, 두려움형은 불안과 회피가 모두 높은 유형이다. 거절에 대한 두려움과 친밀함에 대한 두려움을 모두 느낀다. 타인과 친밀해지고 싶은 욕구와 타인과 가까워지는 것에 대한 거부감을 동시에 가지기 때문에 대인 관계에서 양가적인 태도를 보인다.

항상 이성과의 관계에 어려움을 느낀다면 자신의 성인 애착 유형

---

72. 김정은. 2018. 〈성인애착유형, 갈등해결전략, 조망수용능력과 이성관계 만족도 간의 관계〉. 서울 대학교대학원 석사학위논문. p6.

사주명리 속 심리학

은 어디에 가까운지 살펴보고, 나의 왜곡된 두려움으로 인해 표현되는 행동패턴은 없는지 탐색, 확인해 보아야 한다. 거절당하는 것이 싫어서 또는 관계에 대한 믿음이 없어서 '있는 그대로의 나'를 감추고 있지는 않은지 생각해 보자. 왜곡된 두려움으로 스스로에게, 타인에게 진실된 자신의 모습을 나타내지 못하고 있지는 않은가. 내 마음의 거울이 평평하고 깨끗해야 대상을 있는 그대로 잘 비출 수 있다. 내 거울이 울퉁불퉁하고 찌그러지거나 모나 있다면 그만큼 대상은 왜곡되어 비추어질 것이고, 관계의 어려움은 순환적으로 계속된다. 이는 대상이 바뀌어도 같은 문제들을 반복적으로 일으키는 원인이 된다.

관계적인 측면에서 '관계 진솔성(authenticity relationship)'은 수용적이고 안정적인 관계 맥락에서 진실된 자기와 일치되는 행동과 태도를 대상에게 나타내는 것을 말한다.[73] 다음의 몇 가지 질문을 읽어 보면서 이성에게 나의 진솔성은 어느 정도인지 탐색해 보자.

1. 나는 내 모습을 남자 친구(여자 친구)에게 속이는 것 같을 때가 있다.
2. 남자 친구(여자 친구)가 가장 좋아하는 내 모습은 사실 진정한 나의 일부분이 아니라고 생각한다.
3. 만일 남자 친구(여자 친구)가 진짜 내 모습을 알게 된다면 아마도 놀라고 실망할 것이다.
4. 나는 진정한 나이기보다는 남자 친구(여자 친구)가 나에게 바라는 모습의 사람이 되는 것이 좋다.
5. 남자 친구(여자 친구)를 화나게 하지 않으려고 나의 실제 감정을 의도적으로 숨긴다.
6. 남자 친구(여자 친구)를 기쁘게 할 수 있다면 나 자신에 대한 선의의 거짓말을 기꺼이 할 것이다.
7. 나는 때때로 남자 친구(여자 친구)에게 내 진짜 모습이 아닌 인상을 심어 주려는 나를 발견한다.
8. 나는 남자 친구(여자 친구)가 나에 대해 완벽히 아는 것보다 나를 긍정적으로 바라보는 게 낫다.
-곽소영과 이지연(2013)의 한국판 진솔성척도(K-AIRS)중에서 발췌, 수정

진정성 있는 자기표현을 하는 것은 개인의 자율성을 높이고 친밀감과 신뢰감을 형성하는 바탕이 된다. 연인이나 부부가 서로에게 진솔하

---

73. 함원태. 2020. 〈성인초기의 성인애착과 이성관계만족의 관계: 관계진솔성과 보살핌의 매개효과〉. 한남대학교대학원 석사학위논문. p20.

다고 지각할수록 관계의 만족도가 높고, 이는 남녀 모두의 심리적, 신체적 행복과 연관된다. '진실된 나'로 존재하며 '진실된 너'를 바라볼 때, 충만한 기쁨과 행복이 오가는 관계가 될 것이다.

부장님 MBTI는 뭐예요?: 대인 관계 스트레스

위 두 사주의 특징을 보면, 팀장은 무토(戊) 일간에 식신격으로 무뚝뚝하지만 수용적이며 올바르고 따뜻한 심성을 지녔다. 천간의 식신생재 구조를 지지에서 신자진(申子辰) 삼합으로 수국(水局)을 이루며 받쳐주고 있어 수리적 해석에 매우 뛰어나며, 현실적이고 결과 중심형이다. 전체적으로 금생수(金生水)가 강하게 작용하며 음운동을 이루므로 심리적인 온기도 다소 약하다. 대인 관계에 있어 냉소적일 수 있으며 실익에 따라 관계 형성이 이루어진다. 팀원은 계수(癸) 일간에 정관격으로 친화력과 적응력이 좋으며 주어진 일에 책임감이 강하고 바른 태도와 성실함이 강점이다. 지지에서 인묘진(寅卯辰) 방합으로 목국(木局)을 이루고 있어 목(木)이 가지는 생동감과 진취적인 성향이 강하게 작용하는 특징이 있다.

두 사람의 일간은 양토와 음수로 합의 관계이지만, 격국으로는 팀장의 식신격이 팀원의 정관격을 극하는 모습이다. 팀원은 맡은 역할에 체계적인 정관격의 행동 양식을 가진다. 팀장은 이러한 태도에 답답함을 가질 수 있고, 자발적이고 능동적인 업무 태도를 기대하게 된다. 천간에서는 팀장의 식신생재 구조의 지향성을 팀원의 재생관으로 유통

팀장

시주	일주	월주	년주
편인	일간(나)	식신	정재
丙	戊	庚	癸
辰	子	申	亥
비견	정재	식신	편재
乙 정관	壬 편재	戊 비견	戊 비견
癸 정재	– –	壬 편재	甲 식신
戊 비견	癸 정재	庚 식신	壬 편재

팀원

시주	일주	월주	년주
비견	일간(나)	정재	정관
癸	癸	丙	戊
丑	卯	辰	寅
편관	식신	정관	상관
癸 비견	甲 상관	乙 식신	戊 정관
辛 편인	– –	癸 비견	丙 정재
己 편관	乙 식신	戊 정관	甲 상관

시키니 방향성이 상충되지 않으며, 팀원이 체계적으로 일을 마무리하는 역할이 가능하다. 지지의 환경에서 팀장은 수국(水局)을 이루며, 팀원은 목국(木局)을 이루고 있다. 수생목(水生木)의 관계로 팀장은 팀원을 성장시키기 위한 역할들이 요구된다. 씨앗이 새싹으로, 새싹이 초목으로 자랄 수 있도록 자양분이 되어 주어야 하며, 바르게 성장할 수 있도록 따뜻한 안내자로서의 역할을 해 주어야 하는 관계다.

현미 씨는 육아 휴직 후 복직하여 새로워진 시스템과 업무 환경에 적응 중이었다. 복직한 부서가 개편되어 팀원들과 직 상관이 모두 바뀌면서 직장 내 갈등과 대인 관계 문제로 상담실을 찾았다. 업무에 적응하는 것은 어렵지 않았으나 팀원들과의 관계는 하루하루가 가시방석처럼 불편하기만 했다. 휴직 이전에는 자기 사람들이라 믿었던 구성원들로 팀이 이루어져 든든했었다. 하지만 지금은 팀원들이 자기를 믿고 따라와 주는 것 같지도 않고, 오히려 항상 소외되는 느낌이다. 전무님, 이사님과의 대화는 편하지만 팀원들과의 점심 식사는 너무나 불편했다. 팀원의 근무 태도는 늘 성에 차지 않았고, 자신을 표현하고, 하고 싶은 말을 다 하는 것에도 늘 당황스러웠다. 회사에서 자신의 생각과 행동이 이상한 건가 싶지만 아무리 생각해도 잘못하고 있는 건 없었다. 자신이 그들을 이해하지 못하는 부분도 분명히 있을 테지만, 이런 상황이 매일 반복되니 스스로 방어적인 생각과 태도들로 합리화하기 시작했다. '내가 미워서 못되게 구는 걸 거야. 난 잘못한 게 없는데 왜 미워하는 거지? 내가 일을 잘해서 질투하는 거겠지? 왜 일을 이 정도밖에 못하는 건지 이해가 안 되네. 요즘 세대는 왜 이렇게 당돌한 거지?' 자신을 둘러싼 환경들이 모두 잘못되고 있는 것 같아서 현미 씨는 매우 혼란스러웠으며 심리적 불편감도 상당히 높아져 퇴사를 고민하고 있었다.

대부분의 근로자들은 하루 8시간 이상을 회사에서 보낸다. 많은 시간을 보내는 만큼 직장 동료들과의 관계는 개인에게 미치는 영향이 매우 크다. 직장 내에서의 대인 관계는 주로 상사, 동료, 부하 직원과의 관계로 이루어지며, 이 조직 구성원들 간에 갖는 대인 관계의 질은 구성원의 심리적, 신체적 건강과 업무 능력, 직무 만족도, 이직 의도에 많은 영향을 미친다. 직장 내에서 원활한 대인 관계는 구성원들 간에 소통을 원활하게 하고 스트레스를 감소시켜 직장 내에서의 적응과 만족도를 높일 수 있다. 하지만 많은 사람들이 직장에서 받는 스트레스 1위는 '상사나 동료, 부하 직원과의 대인 관계'를 꼽는다. 직장 내 대인 관계 스트레스의 구성 요인을 구체적으로 살펴보면 다음과 같다.

1. 상사와의 관계

상사와의 갈등은 직장 내 스트레스의 원인으로 가장 많이 꼽히는 것으로 연구, 조사되고 있다. 부하 직원이 상사와의 관계에서 배려적인 관리 행동이 적다고 느끼면 직무 압력을 증가시켜 심리적 부담으로 지각하는 스트레스다. 상사로부터 받게 되는 스트레스 요인으로는 상사의 호의성과 경청, 성과평가, 부하의 능력에 대한 상사의 신뢰도를 들 수 있다. 조직 내 상사와 부하 관계에서 상사는 부하에게 진심으로 관심을 가지고 부하의 직무에 적절한 정보를 충분히 제공하면서 소통해야 한다.[74]

---

74. 권예솜. 2022. 〈직장 내 대인 관계 스트레스와 주관적 안녕감 간의 관계〉. 영남대학교대학원 박사

2. 동료와의 관계

직장 동료는 직장에서 가장 많은 시간을 함께 보내는 구성원이며 비공식적인 상호 작용 빈도가 높기 때문에 동료들과의 관계의 질이 좋지 않을 때는 스트레스를 인지할 가능성이 높다. 동료 관계가 협력이 아닌 적대 관계로 인식되어 발생하는 스트레스다. 동료 간에 발생되는 스트레스 요인으로는 동료와의 관계로 인한 작업 시간의 손실 정도, 업무성과와 업무 추진의 방해 정도, 동료 간의 지원이나 협조 부족, 직무 수행에 관련된 정보 교류 정도, 과도한 경쟁으로 인한 동료 간의 갈등을 들 수 있다.[75] 경쟁의 가치가 강조되고 있는 기업 문화에서 동료들은 팀 중심의 협동 체계를 확립하고 상호 신뢰성을 높이는 방안을 모색하여 협력의 가치를 지향해야 한다.

3. 부하와의 관계

상사가 부하들을 업무에 참여시키는 과정에서 발생할 수 있는 스트레스로 상사의 지시를 따르지 않는 정도, 부하의 업무 처리 불안전성, 상사의 선호와 상반되는 행동의 빈도, 상사의 권한과 역할 침해로 인한 갈등 등이 주요한 요인이다. 최근에는 개인주의 성향이 강한 세대와의 문화적 차이로 인한 갈등도 더해지면서 직장 내 상사들이 젊은 부하 직원과의 관계에서 다양한 스트레스를 경험하고 있다. 상사는 효과적인 리더십에 대해 고민하고 실천하면서 부하와의 갈등 상황에 대처

학위논문. p14~15.

75. 연수경. 2012. 〈조직 내 커뮤니케이션 만족이 조직유효성에 미치는 영향〉. 중앙대학교 산업·창업경영대학원 석사학위논문. p37~38.

할 수 있는 역량을 키워나가야 한다.

    이러한 직장 내에서의 대인 관계 스트레스를 감소시키기 위해 다양한 프로그램들이 시행되고 있지만, 궁극적으로 조직 내에서의 대인 관계능력을 향상시키기 위해서는 구성원 간의 의사소통이 중요하다. 다음은 Rosenberg(1963)가 제시한 비폭력대화(Nonviolent Communication, NVC)모델이다. 다른 사람들과 자연스럽게 유대 관계를 맺는 데 도움을 주는 구체적인 의사소통 방법으로 갈등 상황에서도 인간성을 유지하며 비폭력적 의사소통을 수행하는 훈련으로 발전되어 왔다. NVC에 기초한 의사소통 방법은 서로의 차이를 인정하고 갈등을 해결하는 데 필요한 정보를 쉽게 교환할 수 있는 의사소통에 초점을 두므로 조직 내에서 갈등을 줄이고 협력적 상호 작용과 공감적 태도를 증진시키는 데에도 도움이 될 것이다.[76] NVC는 특정한 대상과 상황에 제한 없이 '관찰, 느낌, 욕구, 부탁'의 키워드로 자신을 돌아보고 연습할 수 있는 강점이 있어 활용과 적용이 직관적이다.[77]

관찰	있는 그대로 보고 듣기('평가'와 구별하기)	내가 ~을 보거나 들었을 때
느낌	우리 몸과 마음에서 일어나는 반응-('생각'과 구별하기)	나는 ~라고 느낀다
욕구	느낌의 원인('수단/방법'과 구별하기)	왜냐하면 나는 ~이 중요하기 때문에
부탁	구체적, 긍정적, 의문형으로 하기('강요'와 구별하기)	~을 해 줄 수 있나요?

출처: 한국NVC센터 (www.krnvc.org/nvc@krnvc.org)

76. 정경진, 최한나. 2011. 〈비폭력대화 모델에 기초한 집중형 의사소통 집단상담 프로그램이 대인 관계 능력 및 대인 관계 스트레스와 직무만족에 미치는 효과〉. 《인간이해》, 32(1), p35.
77. 구효민, 정구철. 2022. 〈비폭력대화 모델을 활용한 의사소통능력증진 프로그램의 개발 및 효과〉. 《융합학문과 기독교》, 3(2), p160.

첫째, 있는 그대로 실제로 무엇이 일어나고 있는가를 관찰한다. '관찰'은 어떤 현상이나 사건을 있는 그대로 보는 것으로 '평가'와 구별된다. 상대방의 말과 행동을 있는 그대로 관찰하면서 주관적인 판단이나 평가를 하지 않으며, 관찰한 것을 분명하고 구체적으로 말하는 것이다.

둘째, 관찰을 통해 보았을 때 어떻게 느끼는가를 말한다. '느낌'은 자극을 받을 때 우리의 몸과 마음에서 일어나는 반응으로 '생각'과 구별되며, 아픔, 무서움, 기쁨, 즐거움, 짜증 등의 느낌을 솔직하고 명확하게 표현하는 것이다.

셋째, 자신이 포착한 느낌이 내면의 어떤 욕구와 연결되는지를 말한다. '욕구'에는 우리의 바람이 담겨있으며 '수단/방법'과 구별된다. 욕구란 모든 사람에게 보편적이고 긍정적인 것이다.

넷째, 다른 사람이 해 주길 바라는 것을 표현한다. 자신과 상대방의 느낌과 욕구를 충분히 공감한 후 상대방에게 어떤 반응을 요청하는 '부탁'을 할 수 있으며 '강요'와 구별된다. 구체적으로 부탁에는 연결 부탁과 행동 부탁이 있는데, 연결 부탁은 상대방과 관계를 연결하고자 부탁하는 것이고 행동 부탁은 자신의 욕구 충족을 위해 필요한 행동을 부탁하는 것이다.

비폭력 대화는 이 네 가지 정보를 말이나 다른 방법을 통해 명확하게 표현하는 것이다. 내가 무엇을 관찰하고 느끼고 원하는가를 인식하는 자기 이해를 바탕으로 한다.[78] 진솔하고 명료하게 자신을 표현하고 상대의 느낌과 욕구를 공감하며, 서로 간의 욕구 충족을 위해 노력하는 과정을 연습하고 내 것으로 습득해 나간다면 대인 관계의 질적인 변화와 성장을 가져오게 될 것이다.

I'm ok, You're ok: 교류대화분석

위 두 사주의 특징을 보면 남편은 신금(辛) 일간에 겁재격으로 예민하고 섬세한 성격에 강한 승부근성과 자신만의 투쟁력으로 일을 성취해 나가는 사람이다. 지지에서 사유축(巳酉丑) 삼합으로 금국(金局)을 이루고 있어 비겁이 강하게 작용하는 환경이다. 경쟁이 치열한 환경에서 두각을 나타낼 수 있으며, 대운의 계절에 따라 삶의 기복이 크게 나타날 수 있다. 전체적으로 금(金)오행이 강하게 작용하며 기반을 이루므로 심리적인 온기도 다소 약하다. 대인 관계에 있어 고립적일 수 있으며 실익에 따라 관계 형성이 이루어진다. 부인은 신금(辛) 일간에 정재격으로 깔끔하고 단정하며 체계적인 성향으로 합리적인 현실주의형이다. 따뜻한 심성에 보수적인 경향성으로 안정적인 환경을 추구한다. 지지의 환경은 인오(寅午) 반합, 유축(酉丑) 반합으로 화극금(火剋金)의 구조다. 사회적인 자리 또는 가족 안에서 주어진 역할을 주체적으로 해내는 강

---

78. 김유리. 2019. 〈비폭력대화를 활용한 대인 관계향상 집단상담 프로그램이 대학생의 대인 관계능력에 미치는 효과〉. 경북대학교대학원 박사학위논문. p27.

남편

시주	일주	월주	년주
식신	일간(나)	편재	겁재
癸	辛	乙	庚
巳	丑	酉	申
정관	편인	비견	겁재

시주	일주	월주	년주
戊 정인	癸 식신	庚 겁재	戊 정인
甲 겁재	辛 비견	– –	壬 상관
丙 정관	己 편인	辛 비견	庚 겁재

부인

시주	일주	월주	년주
편인	일간(나)	정재	정인
己	辛	甲	戊
丑	酉	寅	午
편인	비견	정재	편관

시주	일주	월주	년주
癸 식신	庚 겁재	戊 정인	丙 정관
辛 비견	– –	丙 정관	己 편인
己 편인	辛 비견	甲 정재	丁 편관

사주명리 속 심리학

점이 있지만, 독단적으로 결정하고 추진하려는 성향으로 대인 관계에 어려움이 있을 수 있다.

두 사람은 같은 신금(辛) 일간에 금(金)오행이 강한 사주다. 금(金)의 오행적 속성 자체가 분리, 독립, 결실, 맺음의 성질로 섞이고 어울리는 것보다 자신의 고유함을 지키려는 경향성을 가지기 때문에 각자의 영역과 삶의 방식을 존중해 주는 것이 무엇보다 중요하다. 격국으로는 남편의 겁재격이 부인의 정재격을 극하는 모습이다. 포부가 큰 남편의 입장에선 부인의 꼼꼼하고 계산적인 모습이 소극적이고 답답하게 느껴질 수 있지만, 현실적인 가정의 관리와 운영은 부인이 더 잘 해낼 수 있다. 각자의 강점을 살려 역할 분담을 적절하게 한다면 서로의 약점을 보완해 줄 수 있을 것이다. 육친적 궁합으로는 서로가 안정적인 재성과 관성을 가지고 있지 않지만, 궁위로는 배우자 자리의 글자가 서로 유축(酉丑) 합을 이루고 있어 서로 유사한 기질적 속성을 공유하는 부부다.

유진 씨는 40대 중반으로 결혼 후 육아와 살림에 전념하고 있다. 연애할 때 남편은 바보스러울 정도로 유진 씨만 바라보았다고 한다. 조금은 독특한 성격에 외골수였지만 유진 씨는 싫지 않았고 늦은 나이의 연애였기에 결혼을 선택했다. 낭만적인 정서적 유대감은 덜했지만 충실하게 자신의 일을 해 나가는 모습이 책임감 있게 비쳤고, 자신만 바라보는 그의 눈빛에 안정감을 느꼈다. 결혼 후 바로 아이가 생겼고, 집안의 크고 작은 일들을 해 나가면서 유진 씨는 점점 답답함을 느꼈다. 문제를 해결하는 과정에서 남편과의 대화는 도무지 진전이 없었다. 아이를 사랑하면서도 투박하게 대하는 남편에게 잔소리가 늘고 불만이 쌓이기 시작했다. 아빠 역할을 잘해 주었으면 좋겠는데, 아무리 이야기를 해도 성의 없는 대답만 하고 변하는 것은 없었다. 소통이 필요한데 대화를 할수록 더 꼬여가는 것만 같았다. 유진 씨는 남편을 어떻게 이해하고 소통해야 할지 방법을 찾고자 상담실을 찾았다.

결혼 생활을 시작하면 누구나 자신의 결혼 생활은 성공적이고 행복할 것이라 기대한다. 하지만 서로 다른 환경에서 각자의 개성을 가지고 살아온 두 사람은 사랑하는 방식뿐만 아니라 일상생활에서의 패턴과 습관도 매우 다르기 때문에 사소한 일상에서의 어긋남도 쉽게 갈등으로 번진다. 행복한 부부로 살아가는 것에 부부의 사랑은 필수 조건이다. 그렇다고 충분 조건이 되는 것은 아니다. 부부의 사랑을 기반으로 서로의 방식을 존중하고 갈등을 해결하는 기술을 더한다면 건강한 부부관계를 유지하는 데 도움이 될 것이다. 다음은 에릭 번(Eric Berne)의 교류 분석(TA: Transactional Analysis) 이론에 대한 소개다. 결혼 생활 안에서 경험하는 배우자와의 관계는 각자의 성격, 가치관, 인생관이 모두 반영되기 때문에, 자아 상태를 바탕으로 의사소통의 교류가 어떻게 이루어지는가를 탐색하여 조력하는 교류 분석 이론이 도움이 될 것이다. 교류 분석은 자신의 삶의 입장에 따라 서로가 주고받고 있는 의사소통을 관찰하고 분석하여 의식적으로 행동을 변화시키는 것을 목적으로 한다.

교류 분석에서는 세 가지의 분리된 자아 상태 부모(parent-P), 성인(adult-A), 아동(child-C)을 가정한다. 이 세 가지 자아 상태는 일관된 생각과 감정, 행동의 체계를 가지기 때문에 타인을 대할 때 어떻게 기능하는지를 보여 준다.[79] P 자아 상태는 부모의 패턴과 매우 유사한 감정, 태

---

79. 허조은. 2009. 〈부부의 자아 상태와 인생태도 및 결혼만족도의 관계: TA이론을 중심으로〉. 성균관대학교대학원 석사학위논문. p7.

사주명리 속 심리학

도, 행동의 일정한 패턴을 가진다. A 자아 상태는 현실에 적응된 패턴을, C 자아 상태는 어린 시절의 패턴을 가진다. 사주명리에서는 천간과 격국의 십성에 따라 이러한 자아 상태의 행동 패턴들이 드러난다. P 자아 상태는 관성과 인성이 강하게 작용하는 사주에서 두드러지며, A 자아 상태는 재성과 관성이 어우러지는 사주에서 안정적으로 작용하고 C 자아 상태는 비겁이 강한 사주와 식상과 재성으로 흐르는 사주에서 행동적 특성을 보인다.

1. 부모 자아 상태(P)

부모 자아 상태는 부모의 양육 태도와 권위적 인물, 사회적 가치에 의해 형성되며, 특히 아동기까지 부모로부터 가르침을 통해 가치를 통합한 양식이 기반을 이룬다. 부모 자아 상태는 '비판적 부모 자아(Critical Parent ego)'와 '양육적 부모 자아(Nurturing Parent ego)'로 구성되어 있다. 비판적 부모 자아(CP)는 자신의 가치관이나 사고방식을 기준으로 삼으며 법, 도덕, 규율을 지키려는 역할을 수행한다. 지배적이거나 자기 독단적이며 비판적인 경향이 강하게 드러날 수 있다. 반면 양육적 부모 자아(NP)는 친절, 애정, 헌신, 공감과 같은 관용적인 기능을 하며 격려와 보살핌으로 원만하고 부드러운 관계를 도모한다. 그러나 지나치게 강한 경우 과보호나 간섭이 되기 쉽다.

2. 성인 자아 상태(A)

성인 자아 상태는 성격의 합리적이고 객관적인 측면을 나타내며, 자율적인 감정, 태도, 행동 유형으로 특징된다. 외부의 자극과 정보를 평가하고 선택적으로 행동하여 현재를 살아갈 수 있도록 돕는다. 성인 자아는 현실적으로 문제를 검증하고 해결하며, 다른 두 자아 상태를 중재한다. 성격의 균형을 위해 중심적 역할을 한다. 지나치게 강한 경우 기계적이고 이해타산적이며 계산적인 경향을 드러낼 수 있으며, 낮은 경우 현실을 무시하고 계획성이 부족할 수 있다.

3. 아동 자아 상태(C)

아동 자아 상태는 느끼고 경험한 그대로를 어린아이처럼 표현하며 충동적이고 감정적으로 행동하는 것으로써 표현되는데 자발성, 창의성, 충동, 흥미, 기쁨 등이 특성이다. 아동 자아 상태는 '현실적 아동 자아(Adapted Child ego)'와 '자유분방한 아동 자아(Free Child ego)'로 구성되어 있다. 현실적 아동 자아(AC)는 부모나 사회의 요구에 맞추기 위해 자신의 참된 감정을 억제하고 외부의 기대에 부응하려고 한다. 자신의 의견을 주장하기보다 사회적 규범에 따라 행동하고 타협한다. 자유분방한 아동 자아(FC)는 자발적인 부분이기 때문에 제멋대로이며 의존적인 부분도 내포한다. 자신의 감정을 솔직하게 표현하며 때와 장소에 상관없이 자기 멋대로 행동하거나 자기중심적인 태도를 취하기도 한다.[80]

자아 상태 P, A, C에 대해 이해하고 일상생활 속에서 주고받는 자신의 말, 태도, 행동 등을 분석해 보면 대인 관계에 있어서 자신이 타인에게 어떤 방법을 취하고 있는가를 자각해 볼 수 있다. 부부간의 의사소통에 있어 부부 각자가 어떤 자아의 모습으로 서로를 대하고 있는지

---

80. 허조은. 2009. 〈부부의 자아 상태와 인생태도 및 결혼만족도의 관계: TA이론을 중심으로〉. 성균관대학교대학원 석사학위논문. p9~11.

파악해 보자. 교류 분석에는 자아 상태에 따르는 의사소통의 세 가지 형태가 있다.

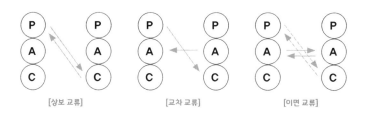

[상보 교류]　　　　[교차 교류]　　　　[이면 교류]

1. 상보 교류(Complementary Transactions)

상보 교류는 내가 보낸 메시지가 상대의 예상된 자아 상태에서 예상된 반응으로 되돌아오는 것이다. 두 사람의 교류가 공개적으로 솔직하고 평행을 이룬다. 상보적 교류가 이루어질 때는 상대가 나를 이해하고 공감한다고 느낀다.

예) 부인: 오늘 아이가 놀이터에서 놀다가 넘어졌는데 크게 다친 줄
　　　　　알고 많이 놀랐어. C→P
　　남편: 그래? 정말 많이 놀랐겠네! P→C

2. 교차 교류(Crossed Transactions)

교차 교류는 자신이 기대했던 것과 전혀 다른 양상으로 교류하는 형태다. 교차 교류가 이루어질 때 화자는 상대로부터 기대하고 있던 반응이 얻어지지 않기 때문에 혼란스럽고 실망감이 든다. 관계에 있어 고통이나 혼란의 원인이 되는 소통방법이다.

예) 부인: 내 친구 남편들은 전부 얼마나 가정적인지 당신이 봐야
　　　 돼. P→C

　　남편: 그 사람들 연봉은 얼마래? A→A

3. 이면 교류(Ulterior Transactions)

이면 교류는 두 가지 사실을 동시에 의미하는 복잡한 교류 방법이다. 이 중 하나는 겉으로 드러난 '사회적 수준'의 메시지이고 나머지 하나는 속마음에 들어 있는 '심리적 수준'의 메시지다. 이 방법은 사회적으로 통용되는 교류의 위장 아래 속임수가 잠재해 있어 여러 가지 혼란을 일으킨다. 이면 교류의 행동 결과는 숨겨진 심리적 수준에서 결정된다. 따라서 행동을 제대로 이해하려면 표면에 드러나는 대화가 아닌 심리적 수준에 주의를 기울여야 한다.

예) 남편: (퇴근 후 반찬이 없는 저녁밥상을 보고) "오늘 많이 바빴어?"

　　사회적 수준: 아내의 하루 일과에 대한 정보를 묻는 것처럼 보
　　　　　　　임. A→A

　　심리적 수준: 힘들게 일하고 왔더니 이런 성의 없는 저녁을 차
　　　　　　　리다니! 집에서 뭐 하는 거야? P→C

　　부인: (남편의 불만스러움을 알아차리고) "오늘도 정신없이 바빴어."

　　사회적 수준: 묻는 정보에 대한 대답을 함. A→A

　　심리적 수준: 난 뭐 하루 종일 놀았는지 알아? 당신만 힘든 게
　　　　　　　아니야. P→C

이와 같이 서로 어떤 교류로 상대와 대화를 하느냐에 따라 갈등 구조를 보일 수도, 소통 구조를 보일 수도 있다. 건강한 관계와 편안한 의사소통을 하기 위해서는 서로 맞는 교류를 찾는 것이 도움이 될 것이고, 더불어 상대방이 어떤 교류를 통해 나에게 의사를 전달하는지 파악할 필요가 있다.[81] 또한 교류 분석을 바탕으로 건강한 부부의 상호 작용을 살펴보면, 부부는 서로의 P 자아 상태에서 자녀 양육에 대한 규칙, 약속, 철학 등을 서로 공유하고 의견을 일치시켜 일관적인 태도를 갖는다. A 자아 상태로는 현실에 필요한 정보를 서로 주고받으며 분명한 의견을 나누고 어린이 자아 상태ⓒ에서는 자유롭게 정서를 함께 나누고 즐기면서 부부로서 동맹 관계를 확고히 하는 것이다.[82]

81. 박수복. 2011. 〈교류 분석과 Satir의 의사소통유형의 비교〉. 《교류 분석연구》, 2(1), p73.
82. 박미현. 2016. 〈교류 분석 부부상담 모형개발과 적용 사례연구〉. 경성대학교대학원 박사학위논문. p12~13.

참고문헌

EBS 〈동과 서〉 제작팀, 김명진. 2016. 《EBS 다큐멘터리 동과 서》. 지식채널. p19

EBS 〈동과 서〉 제작팀, 김명진. 2016. 《EBS 다큐멘터리 동과 서》. 지식채널. p27

EBS 〈동과 서〉 제작팀, 김명진. 2016. 《EBS 다큐멘터리 동과 서》. 지식채널. p56-59

Richard J. Gerrig, Philip G. Zimbardo. 2006. 《심리학과 삶》(박권생, 김문수, 박태진, 성현란, 이종한, 최해림, 홍기원 역). 시그마프레스. p8.

Russell L. Kolts. 2021. 《임상가를 위한 자비중심치료 가이드북》(박성현 외 공역). 학지사. p232.

Steven C. Hayes. Spencer Smith. 2022. 《마음에서 빠져나와 삶 속으로 들어가라-새로운 수용-전념치료》(문현미, 민병배 공역). 학지사. p184.

곽소영, 이지연. 2013. 〈한국판 관계 진솔성 척도의 타당화〉. 《상담학연구》, 14(4), p2221.

구효민, 정구철. 2022. 〈비폭력대화 모델을 활용한 의사소통능력증진 프로그램의 개발 및 효과〉. 《융합학문과 기독교》, 3(2), p160.

권석만. 2013. 《현대 이상심리학》. 학지사. p155.

권예솜. 2022. 〈직장 내 대인 관계 스트레스와 주관적 안녕감 간의 관계〉. 영남대학교대학원 박사학위논문. p14~15.

김기승, 정경화. 2021. 《명리상담사를 위한 직업정보 가이드》. 다산글방. p341.

김기승, 정경화. 2021. 《명리상담사를 위한 직업정보 가이드》. 다산글방. p387.

김기현. 2016. 《주역, 우리 삶을 말하다》. 민음사. p16.

김남재. 1996. 〈우울과 대인불안의 인지적 특성 비교〉. 《덕성여자대학교: 덕성여대논문집》, 25, p277.

김만태. 2010. 〈조선 전기 이전 四柱命理의 유입 과정에 대한 고찰〉. 《한국문화》, 52. p168.

김만태. 2012. 〈지지 (地支)의 상호 변화작용 관계로서 지지합(地支合) 연구〉. 《철학논집》, 31. p208.

사주명리 속 심리학

김만태. 2012. 〈지지 (地支)의 상호 변화작용 관계로서 지지합(地支合) 연구〉. 《철학논집》, 31. p211.

김만태. 2012. 〈지지 (地支)의 상호 변화작용 관계로서 지지합(地支合) 연구〉. 《철학논집》, 31. p232.

김만태. 2013.〈사주와 운명론, 그리고 과학의 관계〉.《원불교 사상과 종교문화》. p.361.

김만태. 2022.〈명리학의 학문적 정체성 확립에 관한 연구〉.《지식융합연구》,55. p81.

김모라, 차민아, 이윤경, 김지연. 2023. 〈자비중심치료 개관연구〉.《한국 REBT 인지행동치료》, 3(1). p68.

김미옥. 2011. 〈공감훈련프로그램이 정신분열병 환자의 공감능력, 자아존중감 및 대인 관계에 미치는 효과〉. 청주대학교대학원 석사학위논문. p103.

김빛나, 임영진, 권석만. 2010. 〈탈중심화가 내부초점적 반응양식과 우울증상에 미치는 영향〉.《Korean Journal of Clinical Psychology》, 29(2). p574.

김성숙. 2012. 〈부모교육워크숍을 통한 부모양육 태도 변화가 자녀 삶의 질에 미치는 영향〉. 선문대학교대학원 박사학위논문. p17.

김성찬. 2020. 〈하인즈 코헛의 '자기'와 '자기 대상' 연구〉. 협성대학교 신학대학원 석사학위논문. p62.

김수정, 박혜준. 2020. 〈성인이행기 자녀가 지각한 부모양육 태도 유형과 자아정체감의 관계〉.《한국청소년연구》, 31(1), p225.

김영희. 1996. 〈학습된 무기력에 관한 이론적 고찰〉. p40.

김용회, 김만태. 2019. 〈오행 중 화 (火)의 태과 (太過)·불급 (不及)에 관한 명리학적 고찰〉.《인문사회》21, 10(2), p759.

김용회, 임동호. 2020. 〈사주명조의 오행 중 수(水)의 태과 (太過)·불급(不及)과 건강의 연관성에 관한 명리학적 고찰〉.《인문사회》21, 11(2), p1107.

김유리. 2019. 〈비폭력대화를 활용한 대인 관계향상 집단상담 프로그램이 대학생의 대인 관계능력에 미치는 효과〉. 경북대학교대학원 박사학위논문. p27.

김은수. 2019.〈滴天髓, 子平眞詮, 窮通寶鑑 調喉 比較 硏究 〉. 공주대학교대학원 석사학위 논문. p45.

김일순, 오오현. 2016. 〈귀인성향이 학습된 무기력에 미치는 영향에서 자기 효능감과 사회적 지지의 매개효과〉.《한국기독교상담학회지》, 27(1). p45.

김정규, 김윤경. 1990. 〈인생의 목적과 우울증 및 학습무기력 귀인유형의 관계고찰 〉.《教育論叢》, 14. p56.

김정은. 2018. 〈성인애착유형, 갈등해결전략, 조망수용능력과 이성관계 만족도 간의 관계〉. 서울대학교대학원 석사학위논문. p6.

나혁진. 2016. 〈명리 궁합론의 현대적 재해석에 관한 연구〉. 국제뇌교육종합대학원대학교 석사학위논문. p24.

남기동, 김만태. 2018. 〈한국사회 이혼현상에 따른 부부궁합 (夫婦宮合)의 명리학적 고찰〉.《인문사회》, 21, 9(2), p109.

노미애. 2021. 〈관계상실 경험자의 사건충격이 외상 후 성장 및 외상 후 스트레스 증상과의 관계에 미치는 영향–반추의 매개효과와 자기노출 및 적응적, 부적응적 완벽성향의 다집단 조절효과〉. 용문상담심리대학원대학교 박사학위논문. p15.

박미현. 2016. 〈교류 분석 부부상담 모형개발과 적용 사례연구〉. 경성대학교대학원 박사학위논문. p12~13.

박미화. 2021. 〈직업훈련에 참여 중인 경력단절여성의 진로 결정 자기 효능감, 진로장벽지각, 사회적지지가 경력개발행동에 미치는 영향〉. 전주대학교상담심리대학원 석사학위논문. p9.

박성희. 2013. 〈사주명리를 이용한 궁합연구〉.《한국정신과학회 학술대회논문집》, 191-221. p194-195.

박수복. 2011. 〈교류 분석과 Satir의 의사소통유형의 비교〉.《교류 분석연구》, 2(1), p73.

박용남. 2016.〈한국명리학의 발전과정에 관한 연구〉. 국제뇌교육종합대학원대학교 박사학위 논문. p19.

박정련. 2012. 〈국악치유론 기반을 위한 동양학적 이론 근거 모색-황제내경 (黃帝內徑)과 예기 (禮記) 악기 (樂記)에 나타난 '오행감정 (伍行感情)'을 중심으로〉.《국악원논문집》, (26), p58.

박현주, 정대용. 2015. 〈부적응적 완벽주의와 자존감이 심리적 고통에 미치는

영향: 자기 가치감의 영역별 수반성의 조절된 매개효과〉,《상담학연구》, 16(5), p124.

배현정. 2022.〈대학생의 직업가치관과 진로준비행동 간의 관계에서 취업불안의 매개효과〉. 동아대학교교육대학원 석사학위논문. p8.

손구하. 2020.〈조선시대 명과학(命課學)과 단건업(段建業)의 맹파명리(盲波命理)에 관한 연구〉. 東方文化大學院大學校 박사학위논문. p15.

송민정, 이민규. 2011.〈책임감과 기억확신이 강박증상에 미치는 영향: 부적응적 완벽주의의 매개효과〉,《한국심리학회지: 임상》, 30(3), p630.

스와미 사라다난다. 2023.《호흡의 힘》(김재민 역). 판미동. p17.

스와미 사라다난다. 2023.《호흡의 힘》(김재민 역). 판미동. p63.

안진희. 2012.〈분노조절 인지행동프로그램이 우울성향집단에 미치는 효과 : 우울, 분노, 자아존중감, 자살사고를 중심으로〉. 덕성여자대학교대학원 석사학위논문. p87.

양난미, 이정훈, 송미경, 이은경. 2020.〈중년의 분노표현 양식에 따른 하위집단 간 공격성, 인지조절전략 및 행복 차이〉,《사회과학 담론과 정책》, 13(1), p99.

연수경. 2012.〈조직 내 커뮤니케이션 만족이 조직유효성에 미치는 영향〉. 중앙대학교 산업·창업경영대학원 석사학위논문. p37~38.

원강연, 김정규. 2019.〈실제-이상 자기불일치와 수치심의 관계에서 정서인식 명확성의 조절효과〉,《정서·행동장애연구》, 35(2). p136.

윤동군, 서미아. 2021.〈대학생의 내현적 자기애와 공감능력의 관계에서 자기 자비로 조절된 우울의 매개효과〉,《상담학연구》, 22(3), p22.

윤진. 2021.〈명리이론과 질병의 상관관계 연구 : 사례분석을 중심으로〉. 경기대학교 행정사회복지대학원 석사학위논문. p30.

윤진. 2021.〈명리이론과 질병의 상관관계 연구 : 사례분석을 중심으로〉. 경기대학교 행정사회복지대학원 석사학위논문. p30.

이서정, 오경자. 2008.〈과도한 사고통제욕구, 인지적 자의식과 강박사고: 침투사고중심 대처방략의 매개효과〉,《Korean Journal of Clinical Psychology》, 27(4). p799.

이성엽. 2013.〈四柱命理의 宮位論에 관한 硏究〉. 경기대학교 문화예술대학원 석사학위논문. p19.

이재승. 2021. 〈명리학에서 합충(合沖)에 의한 지지(地支)의 합력(合力) 차 연구〉.《인문사회》21, 12(6), p2804.

이주연. 2014. 〈자기 초점적 주의와 공감과의 관계: 자기 수용과 정서표현의 매개 효과〉. 건국대학교 대학원 석사학위논문. p3.

이혜정. 2013. 〈하타 요가 수련이 중년여성의 자율신경계 및 뇌파에 미치는 영향〉. 계명대학교대학원 박사학위논문. p15.

전겸구, 김동연, 이준석. 2000. 〈한국판 상태-특성 분노 표현 척도 (STAXI-K) 개발연구: Ⅳ.《미술치료연구》, 7, p33-50.

정경진, 최한나. 2011. 〈비폭력대화 모델에 기초한 집중형 의사소통 집단상담 프로그램이 대인 관계 능력 및 대인 관계 스트레스와 직무만족에 미치는 효과〉.《인간이해》, 32(1), p35.

정병주. 2022. 〈회피성 성격이 정서조절곤란에 미치는 영향 : 거부민감성의 매개 효과〉. 경북대학교대학원 석사학위논문. p1.

정승진, 연문희. 2000. 〈완벽성 감소를 위한 인지행동 집단상담 프로그램 개발〉.《한국심리학회지: 상담 및 심리치료》, 12(2), p17.

정진, 미유, 현실. 2013. 〈성인애착유형과 공감수준에 따른 부부 갈등해결전략의 차이〉.《Korean Journal of Counseling》, 14(3), p1537.

조현주. 2014. 〈자비 및 자애명상의 심리치료적 함의〉.《인지행동치료》, 14(1). p126.

중국 오대(伍代)~송(宋) 시대의 인물로 명리학(命理學)을 체계화하여 발전시켰다.

최남운. 2018. 〈부모-자녀의 동반성숙을 위한 효대화모형〉. 성산효대학원대학교 박사학위논문. p162-163.

최보문. 2014. 〈화병〉.《지식의 지평》17, p60.

최순영. 2015. 〈중년여성의 분노표현방식이 화병에 미치는 영향 : 포커싱적 태도의 매개효과〉. 덕성여자대학교 문화 산업대학원 석사학위논문. p19.

최원오. 2019. 〈사주명리학에 근거한 질병연구〉. 남서울대학교 복지경영대학원 석사학위논문. p52.

최주연. 2011.《굿바이 공황장애》. ㈜시그마프레스. p60.

최혜정, 장문선. 2010. 〈외현적, 내현적 자기애 성향집단의 MMPI-2 프로파일 유형과 자아방어기제 특징〉.《상담학연구》, 11(2), p539-554.

추미례, 이영순. 2014. 〈무조건적 자기 수용 척도 타당화〉.《한국심리학회지: 상담 및 심리치료》26(1), p33.

하인츠 코헛(Heinz Kohut, 1913.5.3-1981.10.8) 오스트리아 출신의 미국 정신분석학자로서 자기 심리학(self psychology)을 창시하였다.

한다솜, 김동일. 2022. 〈자기 불일치가 우울에 미치는 영향: 자기몰입과 부적응적 인지적 정서조절 전략의 매개효과〉.《상담학연구》, 23(4). p93.

한송이. 2017. 〈탈중심화 기법이 우울한 기분과 반추적 · 반성적 반응양식에 미치는 효과〉. 충북대학교일반대학원 석사학위논문. p13.

함원태. 2020. 〈성인초기의 성인애착과 이성관계만족의 관계: 관계진솔성과 보살핌의 매개효과〉. 한남대학교대학원 석사학위논문. p20.

허조은. 2009. 〈부부의 자아 상태와 인생태도 및 결혼만족도의 관계: TA이론을 중심으로〉. 성균관대학교대학원 석사학위논문. p7.

허조은. 2009. 〈부부의 자아 상태와 인생태도 및 결혼만족도의 관계: TA이론을 중심으로〉. 성균관대학교대학원 석사학위논문. p9~11.

황보경옥. 2020. 〈대학생의 부모와의 관계가 내현적 자기애와 공감 및 대인 관계에 미치는 영향〉. 대구대학교대학원 박사학위논문. p7.

황윤미. 2013. 〈진로의사 결정의 방법, 단계, 유형이 대학생 진로의사 결정의 질에 미치는 영향〉. 건국대학교대학원 박사학위논문. p10.

사주명리 속 심리학

초판인쇄 2024년 07월 29일
초판발행 2024년 07월 29일

지은이 김정윤
펴낸이 채종준
펴낸곳 한국학술정보(주)

주소 경기도 파주시 회동길 230(문발동)
전화 031-908-3181(대표)
팩스 031-908-3189
홈페이지 http://ebook.kstudy.com
E-mail 출판사업부 publish@kstudy.com
등록 제일산-115호(2000. 6. 19)

ISBN 979-11-7217-430-9 03180